www.ingramcontent.com/pod-product-compliance
Lightning Source LLC
LaVergne TN
LVHW050949051026
849532LV00005B/1768
9789358725322

ایوب خاور: فن اور شخصیت

(مضامین)

مرتبہ:

اعجاز عبید

© Taemeer Publications LLC
Ayyub Khawar : Funn aur Shakhsiat (Essays)
by: Aijaz Ubaid
Edition: May '2024
Publisher :
Taemeer Publications LLC (Michigan, USA / Hyderabad, India)

ISBN 978-93-5872-532-2

کتاب	:	**ایوب خاور: فن اور شخصیت**
مرتب	:	**اعجاز عبید**
صنف	:	تحقیق و تنقید
ناشر	:	تعمیر پبلی کیشنز (حیدرآباد، انڈیا)
سالِ اشاعت	:	۲۰۲۴ء
صفحات	:	۷۲
سرورق ڈیزائن	:	تعمیر ویب ڈیزائن

فہرست

ایوب خاور کی ایک نظم
تمھیں جانے کی جلدی تھی

تمھیں جانے کی جلدی تھی
سو اپنی جلد بازی میں
تم اپنے لمس کی کرنیں، نظر کے زاویے، پوروں کی شمعیں
میرے سینے میں بھڑکتا چھوڑ آئے ہو
وہاں تکیے کے نیچے
کچھ سنہرے رنگ کی ٹوٹی ہوئی سانسیں
کسی نوزائیدہ خوشبو کے تازہ خوابچے
بستر کی شکنوں میں گرے کچھ خوبرو لمحے
ڈریسنگ روم میں ہینگر سے لٹکی ایک صدرنگی ہنسی کو
بس اچانک ہی پسِ پردہ لٹکتا چھوڑ آئے ہو
تمھیں جانے کی جلدی تھی
اب ایسا ہے کہ جب بھی
بے خیالی میں سہی لیکن کبھی جو اِس طرف نکلو
تو اتنا یاد رکھنا

گھر کی چابی صدر دروازے کے بائیں ہاتھ پر
اک خول میں رکھی ملے گی
اور تمھیں معلوم ہے
کپڑوں کی الماری ہمیشہ سے کھلی ہے
سیف کی چابی تو تم نے خود ہی گم کی تھی
سو وہ تب سے کھلا ہے
اور اُس میں کچھ تمھاری چوڑیاں، اِک آدھ انگوٹھی اور ان کے بیچ میں کچھ زرد لمحے اور اُن لمحوں کی گرہوں میں بندھی کچھ لمس کی کرنیں، نظر کے زاویے پوروں کی شمعیں اور سنہرے رنگ کی ٹوٹی ہوئی سانسیں ملیں گی اور وہ سب کچھ جو میرا اور تمھارا مشترک سا اک اثاثہ ہے
سمٹ پائے
تو لے جانا
مجھے جانے کی جلدی ہے

***

کچھ اپنے بارے میں

ایوب خاور

میں ضلع چکوال کے ایک نواحی گاؤں میں گرمیوں کی ایک زرد سہ پہر کو پیدا ہوا۔ یہ 1948ء کے جون کی بارہویں سہ پہر تھی۔ ماں باپ نے میرا نام محمد ایوب خان رکھا۔ ابتدائی تعلیم گاؤں کے پرائمری اسکول میں ہوئی۔ چھٹی جماعت چکوال کے گورنمنٹ ہائی اسکول میں اور پھر ساتویں سے میٹرک تک کا عرصہ میں نے کراچی کے مقبولِ عام ہائی اسکول شرف آباد کے کلاس روموں میں گزارا۔ پھر کراچی ہی کے نیشنل کالج سے بی۔ اے اور کراچی یونی ورسٹی سے اُردو ادب میں ایم۔ اے کیا۔ اُس کے فوراً بعد ہی پاکستان ٹیلی وژن کارپوریشن کے ساتھ پروگرام پروڈیوسر کی حیثیت سے منسلک ہو گیا۔

زندگی سے میرا تعارف بڑے عجیب انداز میں ہوا۔ وہ اس طرح کہ میرے پاؤں گارے مٹی میں لتھڑے ہوئے اور ہاتھوں کی پوریں ریت سیمنٹ سے بھری ہوئی تھیں، بغل میں اُردو کی چوتھی کتاب اور دانتوں میں کھلا ہوا قلم تھا۔ بچپن کی دہلیز پر زندگی سے یہ میرا پہلا تعارف تھا۔ پھر یونی ورسٹی تک پہنچتے پہنچتے محنت کے کئی رنگ اور مشقت کے کئی روپ میرے ہاتھ کا زیور اور پیروں کا چکر بنے لیکن ایک تخلیقی اُپج تھی جو چھٹی جماعت ہی سے چوری چھپے میری روح کے کسی انتہائی گوشے میں دَر آئی تھی جو بعد میں اسکول، کالج اور یونی ورسٹی کے کوریڈورز اور کلاس روموں اور لائبریریوں اور ریڈیو پاکستان

کراچی کی آب و ہوا میں میرے آگے پیچھے چلنے پھرنے، اٹھنے بیٹھنے اور سونے جاگنے لگی لیکن میں اُس سے با قاعدہ ہم کلام 1970ء میں ہُوا۔

یہ جو میری پہلی کتاب ہے "گلِ موسمِ خزاں" اسی ہم کلامی کی ترتیب ہے۔ زندگی نے جس حُلیے میں مجھے پہلی مرتبہ دیکھا تھا، اتنے برسوں میں نہ جانے کتنے بچوں کو مَیں نے اِس حُلیے میں دیکھا ہے گویا اِن تیس پینتیس برسوں میں کچھ بھی نہیں بدلا، صرف تبدیلی کی خواہش اس خطّے کی آب و ہوا میں سُوکھے بادلوں کی طرح گرجتی رہی ہے۔ گلِ موسمِ خزاں، اسی تشنہ کامی اور اسی خواہشِ ناتمام کا پیش لفظ ہے۔

یکم جولائی / 1991ء

***

کچھ بھی نہیں بدلا

ایوب خاور

"گل موسم خزاں" پہلی بار 1991ء میں اسلم گورا نے شائع کی جس میں 1970ء سے 1990ء تک کا میرا کلام شامل ہے۔ دوسری بار صفدر حسین نے اپنے ادارے الحمد پبلی کیشنز کے زیرِ اہتمام 2001ء میں "تمھیں جانے کی جلدی تھی" کے ساتھ ہی شائع کیا۔ لیکن محترم اختر حسین جعفری جو ہمارے عہد کے انتہائی قابل ذکر اور منفرد نظم نگار ہیں، اُن کی وہ تحریر جو انھوں نے بہت محبت اور سنجیدگی کے ساتھ میری شاعری کے بارے میں لکھی تھی اور اس کتاب کی پہلی اشاعت میں شامل تھی، گم ہو جانے کی وجہ سے دوسری اشاعت میں شامل نہ ہو سکی اور خود میں نے جو اپنے بارے میں فلیپ کے طور پر پہلی اشاعت کے لیے لکھا تھا وہ بھی ناپید تھا۔ خوش قسمتی سے یہ دونوں تحریریں مجھے اپنے پیارے دوست اور بہت اچھے شاعر اور خاکہ نگار اعجاز رضوی کے گھر سے مل گئیں جو اَب "گل موسم خزاں" کی تیسری اشاعت میں شامل ہو گئی ہیں۔ پروف ریڈنگ کے دوران میں نے کچھ نظموں اور غزلوں میں ترمیم و اضافہ بھی کیا ہے، اس خیال سے کہ تخلیقی سفر میں ترمیم و اضافہ بلکہ ردّ و قبول کو بھی شاعر ادیب کے Progressive اور مثبت رویّے کے طور پر تسلیم کیا جاتا ہے۔

میں نے صفدر سے وعدہ کیا تھا کہ اس کے ادارے کے زیرِ اہتمام شائع ہونے والی دونوں کتابوں کی تقریبِ رونمائی اکٹھی کریں گے مگر تب سے اب تک میں کسی ایسے دن سے ہاتھ ہی نہ ملا پایا جس کی شام اپنے دوستوں کو اکٹھا کر سکتا۔ تب سے یہ وقت آ گیا کہ "گل موسم خزاں" کا تیسرا ایڈیشن پریس میں جا رہا ہے۔

زندگی نے ویسے بھی ہمیں ستانے کے لیے اپنی چھاؤں میں کب اتنی جگہ دی ہے کہ تازہ دَم ہو پاتے۔ جب میں نہیں تھا اور جب میں بچہ تھا اُس زمانے میں پاکستان کے وجود کے اندر جو شکست و ریخت ہوتی رہی، اُس کا سچ جھوٹ کتابوں میں پڑھا۔ 1971ء میں آدھا پاکستان ہمارے وجود سے کٹ گیا۔ 1977ء تک اس آدھے زخمی وجود پر ہمت و جرات کے پھائے رکھنے میں گزرے، پھر گیارہ سال تک باقی ماندہ پاکستان سے سورج ناراض رہا۔ اگلے بارہ چودہ سال تک سیاسی شعبدہ باز ایک نئے رُخ سے اس کے مندمل وجود کے کھرنڈ نوچنے میں لگے رہے۔ پھر 1999ء کے آسمان سے ایک نئی ڈکٹیٹر شپ اُتری اور ہمیں ٹوئن ٹاورز کی طرح زمیں بوس ہوتے ہوتے آٹھ سال لگ گئے۔ اور اب تو شکاری مچانوں سے اُتر کر اور خندقوں سے نکل کر ہمارے سامنے آ گئے ہیں۔ اور ہم ایک مجسم سوال کی طرح خود اپنے سامنے کھڑے ہیں۔ کچھ بھی نہیں بدلا۔ یہاں میں یکم جولائی 1991ء کے لکھے ہوئے اپنے بارے میں ایک نوٹ جو "گل موسم خزاں کے پہلے ایڈیشن کے فلیپ کے طور پر شائع ہوا تھا اس کا آخری جملہ درج کرتا ہوں۔

کچھ بھی نہیں بدلا، صرف تبدیلی کی خواہش اس خطّے کی آب و ہَوا میں سوکھے بادلوں کی طرح گرجتی رہی ہے۔ "گل موسم خزاں، اسی تشنہ کامی اور اسی خواہشِ ناتمام کا پیش لفظ ہے۔"

لگتا ہے ابھی 1971ء نہیں گزرا۔ 1977ء ابھی تک کال کوٹھڑی میں سسک رہا ہے۔ 1979ء ابھی تک پھانسی گھاٹ پر لٹک رہا ہے اور گزشتہ آٹھ نو سال ٹوئن ٹاورز کے ملبے تلے دبے کسی معجزے کے منتظر ہیں۔

ایوب خاور

مئی 2009

خود کلامی

ایوب خاور

پچھلے کئی دنوں سے سوچ رہا ہوں اور اس وقت بھی بہت دیر سے قلم ہاتھ میں لیے اپنے آپ سے الجھ رہا ہوں۔ بات اپنے بارے میں کہنی ہو تو اپنے بارے میں کم بولنے والے بلکہ بہت ہی کم بولنے والوں کا یہی حال ہوتا ہے جو اس وقت میرا ہے۔

واقعہ یہ ہے کہ ہم جیسے لوگوں کے لیے "اظہارِ ذات" ہمیشہ ہی سے ایک مسئلہ رہا ہے۔ کیا کہنا ہے اور اسے کیسے کہنا ہے، کہنا بھی ہے کہ نہیں، اسی پیش و پس میں وقت کا بیش تر حصہ گزر جاتا ہے اور دل کی دل میں رہ جاتی ہے۔ ورنہ تو یار لوگ ایک ایک ہفتے میں پورے کے پورے شعری مجموعے بازار میں لے آتے ہیں، پتا نہیں کیسے بہ ہر حال یہ ان کا مسئلہ ہے۔

میرے اندر جو تخلیقی انسان ہے وہ بہت سارے ٹکڑوں میں بٹا ہوا ہے، میرے اندر کا شاعر اور ڈراما پروڈیوسر، ڈائریکٹر ہر لمحہ ایک دوسرے سے گتھم گتھا رہے ہیں، بیچ میں ایک محبت ہے جو ہر دو فریقوں کے مساموں سے پھوٹتی ہے اور میری نظموں اور غزلوں کے ساتھ ساتھ میرے ڈراموں کے کرداروں، کیمرے کے فریموں میں اور جذبات واحساسات کی Visual Interpretations کی مختلف سطحوں میں کار فرما نظر آتی ہے۔

پاکستان ٹیلی وِژن نے خدا کے فضل و کرم سے مجھے بہت نام دیا ہے، یہ میری محنت،

مسلسل محنت، لگن اور خود احتسابی کا ثمر ہے۔ میرے ڈائریکٹ کیے ہوئے مشہور ڈرامے، سیریلز اور لانگ پلیز Impact ٹیلی وِژن دیکھنے والوں کے دلوں میں ہے۔ جن میں ڈراما دن، حصار، فشار، خواجہ اینڈ سن، قاسمی کہانی، دلدل، کہانی گھر اور نشیب جیسے سیریلز ہیں جو میرے لیے باعثِ افتخار ہیں۔ میں سمجھتا ہوں کہ اگر ایک ڈائریکٹر اپنی تمام تر تخلیقی صلاحیتوں کو بروئے کار لاتے ہوئے ایک اچھا سیریل پروڈیوس کرتا ہے تو وہ دراصل ایک اچھی کتاب تخلیق کرنے کے برابر ہے اگر آپ یہ مان لیں تو میری کئی کتابیں آ چکی ہیں جن کو دیکھ کر میرے ویورز نے بارہا میری تخلیقی اپج کی داد دی ہے۔ یوں دیکھا جائے تو ٹیلی وِژن نے میرے Creative Self کو زیادہ اپنے تصرف میں رکھا اور شاعری۔ ۔ ۔ حقیقت تو یہ ہے کہ شاعری میری محبت ہے لیکن میں اس سے محبوبوں جیسا نہیں محبوباؤں جیسا سلوک کرتا ہوں۔ شاعری کو میں نے اس وقت تک گلے نہیں لگایا جب تک اس نے ضدّی بچّے کی طرح نوچ نوچ کر اور مجھ سے لپٹ لپٹ کر مجھے اپنے جیسا نہ کر ڈالا۔ چناں چہ میں نے جو کچھ لکھنے کی کوشش کی اس میں "شدت اظہار ذات" ہی کا مسئلہ رہا۔ کم لکھ پاتا ہوں کیوں کہ اظہار کی شدت لفظوں کے خول توڑ کر ان میں سنّاٹا بھر دیتی ہے۔ پھر دیر تک خشک جنگل کی طرح گونجتا رہتا ہوں۔ ایسے میں کوئی کیا لکھے اور کیسے لکھے۔

میری پہلی کتاب "گلِ موسم خزاں" بہت دیر میں چھپی اور اگر خالد احمد میرا دوست نہ ہوتا تو پتا نہیں کب چھپتی، کبھی نہ چھپتی۔ بہ ہر حال یہ خالد احمد کا کمال ہے کہ اس نے "گلِ موسم خزاں" کو ترتیب دیا اسی کی طعن و تشنیع کے نتیجے میں کئی نظمیں اور غزلیں مجھ سے سرزد ہوئیں، میں بے حد شکر گزار ہوں خالد احمد کا کہ وہ مجھے جب بھی ملا، کہیں بھی ملا، مجھے اپنی شاعری اس کی انگلی تھامے مجھ سے ناراض ناراض، منہ بسورے ہوئے نظر آئی۔ یہ اکثر مجھ سے ٹی وی ڈراموں کے ہجوم میں کھو جاتی ہے لیکن خالد احمد اسے

کبھی اِدھر اُدھر بھٹکنے نہیں دیا۔ کہیں نہ کہیں سے ڈھونڈ ڈھانڈ کے میرے پاس ہی لے آتا ہے، پھر مجھے ڈانٹتا ہے کہ سنبھالو اسے۔ بہت ظالم ہیں لوگ، چرا لیتے ہیں اگر کسی نے لمبا ہاتھ مار لیا تو کیا بچے گا تمھارے پاس۔ ندیم صاحب کو کیا منہ دکھاؤ گے۔ گل زار صاحب کو اور منصورہ کو کیا جواب دو گے! میں شکر گزار ہوں خالد احمد کا کہ اس کی سرزنش مجھے لکھنے کی طرف مائل کرتی ہے۔

اس کتاب کا دیر سے آپ تک پہنچنا میری لاپروائی کا دوسرا واقعہ ہے۔ اس کتاب کا کتابت شدہ مسودہ صفدر حسین نے ایک سال پہلے میرے حوالے کیا اور اس کے پروف پڑھنے کے باوجود یہ میرے پاس پڑا رہا اور میں ٹیلی وِژن میں ڈرامے تخلیق کرتا رہا۔ بھلا ہو صفدر حسین کا کہ میرے پیچھے پڑ پڑ کے مسودہ اس نے دوبارہ اپنے قبضے میں کیا، ورنہ میں نے تو اس کے نہ چھپنے کے سارے اسباب پیدا کر دیے تھے۔ اندازہ لگالیجیے کہ اس نے مجھے یرغمالیوں کی طرح اپنے دفتر میں بٹھا کر یہ صفحے مجھ سے لکھ وائے اور چائے کے زور پر فہرست بنوائی اور کتاب چھاپ کر آپ تک پہنچانے میں کام یاب ہو گیا۔ میرے ہاتھ تو خالی کر دیئے نا اس نے۔ بھلا ہو اس کا۔۔۔

ایوب خاور یکم جنوری /1998ء

ایوب خاور

گلزار

(شاعر، افسانہ نگار اور فلم ڈائرکٹر)

میں شاعری کو ایسے ہی سپ (SIP) کرتا ہوں، دھیرے دھیرے مہکتی ہوئی گرم چائے کی طرح یا برف میں پگھلتی ہوئی وہسکی کی طرح، ہونٹوں کے اُوپر سے سرکتی ہوئی، زبان کو چھوتی ہوئی، حلق سے نیچے اُترتی ہے اور پورے سسٹم (وجود) میں گھلتی چلی جاتی ہے، جسم کا درجہ حرارت مدھم مدھم بڑھنے لگتا ہے۔ میں ایوب خاور کے شعر بھی اسی طرح سپ (SIP) کرتا ہوں، پھونک پھونک کر چسکیاں لے کر حلق سے نیچے اُتارتا ہوں۔

ایوب خاور کا طرزِ اظہار خالص اس کا اپنا ہے۔ ایک شاعر کو جو بات دوسرے شاعر سے الگ کرتی ہے وہ اس کی آواز کا ٹمبر (Timber) ہے۔ بولتے ہوئے ہونٹوں کی بناوٹ سب کی الگ ہوتی ہے۔ چاہے وہ ایک ہی لفظ کیوں نہ بول رہے ہوں لیکن "محبت" شعر کے دونوں مصرعوں کی بناوٹ لگتی ہے۔ خیال کو جو چیز نثر سے چھان کر شاعری بناتی ہے وہ کہنے کا ڈھنگ ہے، اس کی اپنی موسیقی ہے، سرتال ہے، ردھم ہے جس پر پاؤں رکھ کر مصرعے چلتے ہیں۔ مجھے ایوب خاور کے مصرعوں کی چال بہت خوب صورت لگتی ہے، لمبے لمبے مصرعے بڑے چھوٹے چھوٹے قدموں سے آگے بڑھتے ہیں۔ ہر بار لگتا ہے مصرع کتھک کی چال چل رہا ہے۔

بات یہ ہے کہ ایوب خاور کی شاعری میں کلاسیکیت اور جدیدیت کے ایسے بھرپور ذائقے گھلے ہوئے ہیں کہ ان میں سب کو اپنی اپنی طرح کا رَس مل جاتا ہے۔ میں تو اس وقت بھی قطرہ قطرہ اس کے مصرعے سِپ (SIP) کر رہا ہوں۔

دل کی چوکھٹ سے لگا بیٹھا ہے تنہائی کا چاند
اور اچانک کسی جانب سے اگر تو نکل آئے!

آئینہ سامنے رکھیں تو نظر تُو آئے
تجھ سے جو بات چھپانی ہو، کہا کس سے کریں

ہاتھ الجھے ہوئے ریشم میں پھنسا بیٹھے ہیں
اب بتا! کون سے دھاگے کو جُدا کس سے کریں

بات جو دل میں دھڑکتی ہے محبت کی طرح
اس سے کہنی بھی نہیں، اس سے چھپانی بھی نہیں

کچے ایندھن میں سلگنا ہے اور اس شرط کے ساتھ
تیز کرنی بھی نہیں آگ بجھانی بھی نہیں

یہ جو انصاف طلب لوگ کھڑے ہیں صاحب
کیا کریں آپ سے اب آپ کا سر مانگتے ہیں

دل کی رگ رگ نچوڑ لیتا ہے
عشق میں یہ بڑی مصیبت ہے

خلوت حسن تغافل کبھی ہم آئیں گے
کنج لب میں سے کوئی نظم چرانے کے لیے

ایوب خاور ٹیلی وِژن کا ڈراما پروڈیوسر بھی ہے، اعلیٰ درجے کا ڈائریکٹر ہے اور اس

کے کریڈٹ پر بہت مشہور ڈرامے اور سیریلز ہیں۔ اس کی جبلت میں شاعری اور ڈراما کوٹ کوٹ کر بھرا ہوا ہے۔ اللہ اسے نظر بد سے بچائے، دوسری کتاب بہت وقفے سے آئی ہے، تیسری جلد ہی آنی چاہیے۔ مجھے فنون میں اس کی شاعری اور ٹی وی پر اس کے ڈراموں کا انتظار رہتا ہے۔

بہت کچھ کھو گیا ہے

گلزار

یہ دوسری بار ہے کہ میں ایوب خاور کے مجموعے کے لیے پیش لفظ لکھ رہا ہوں۔ سچ تو یہ ہے کہ وہ پیش پیش ہیں اور میں پیروی کر رہا ہوں۔

اُس مجموعے اور اِس مجموعے کے درمیان قریب پانچ سال کا وقفہ ہے۔ یہ بلند قامت شخص چلتا بھی ہے تو لمبے لمبے ڈگ بھرتا ہے۔ ادب کے صفحوں پر بھی وہ ایسے ہی قدم اُٹھاتا ہے۔ ایک ذاتی خیال ہے میرا کہ تخلیق میں وقفے ضروری ہوتے ہیں۔ کہیں رُک کر سانس لینا اور پھر چلنے لگنا، کہیں سیدھی راہ چھوڑ کر، کوئی موڑ مڑ جانا، یا اچانک کوئی پگڈنڈی سر اُٹھا کر دیکھے تو کچھ دیر اُس کے ساتھ چل دینا۔ وہ کسی شاہراہ سے جا کر نہ ملے تو خود ہی کوئی نئی راہ نکال لینا لیکن وقفے ضروری ہوتے ہیں، خود بینی کے لیے، ورنہ تخلیق کار، خصوصاً شاعر، خود کو دُہرانے لگتا ہے اور اکثر یوں محسوس ہونے لگتا ہے کہ شاعر اُسی راہ سے واپس لوٹ رہا ہے جس راہ سے آگے جا رہا تھا۔

لیکن زندگی تو مسلسل واقع ہوتی رہتی ہے۔ وہ تو وقفہ نہیں لیتی۔ رُکتی نہیں، اور تخلیق کار، اگر ایوب خاور جیسا حساس شاعر ہو تو وہ کیسے رُک جائے۔ اُس کی اُپج تو سانس بھی نہیں لیتی۔ زندگی مسلسل اُس کے اندر اُبلتی رہتی ہے اور وہ اُس کی بھاپ کو روک نہیں پاتا۔ اب وہ نئی نئی راہیں تلاش کرتا ہے اور نئے نئے شعبے اختیار کر لیتا ہے۔ اِسی پانچ سالہ

وقفے کے دوران ایوب خاور اپنے منظر ناموں میں پہلے سے زیادہ چمک اُٹھے۔ فلموں میں اُن کے نغمے بھی سنائی دیے اور ٹیلی وِژن پر اُن کی موجودگی پہلے سے کہیں زیادہ نکھر آئی۔

پانچ سال بعد، وہ ایک بار پھر اُس شاہراہ پہ بھی نظر آرہے ہیں جس کا نتیجہ اُن کا تازہ ترین مجموعۂ کلام ہے۔

پچھلے مجموعے میں کہا تھا۔

ساری دنیا میں ایک تم سے ہی
اب ملاقات نہیں ہو پاتی

اب فرماتے ہیں۔

اگر ہم مل نہیں سکتے، یہ دِل اب کِھل نہیں سکتے
تو پھر تکیے کو منہ پر رکھ کے رونا کیا ضروری ہے

پہلے کہا تھا۔

دل کی رگ رگ نچوڑ لیتا ہے
عشق میں یہ بڑی مصیبت ہے

اب فرماتے ہیں۔

عشق تو خیر کہاں کا تھا، مگر جانِ جہاں
نوکِ مژگاں میں مہ و سال پرونے پڑے ہیں
اِک وحشتِ بے نام نہیں چھوڑتی دل کو

اِک ہجر ہے اور ریت کا اُڑتا ہوا دریا

پہلے ایک تنہائی کا احساس تنگ کرتا تھا۔
پلکیں اوڑھ کے سو جائے گا ہر منظر
اور اکیلا چاند فلک پر جاگے گا

اب تنہا ہیں مگر حوصلہ ہے۔
بجھا سکے تو بجھا دے کہ میری عادت ہے
دِیا جلا کے ہمیشہ ہوا میں رکھتا ہوں

میں نے پڑھا اور آگے بڑھ گیا۔ حسبِ معمول!
رات بچھالی دشت میں
چاند، سرھانا کر لیا
خواب کی چادر اوڑھ لی
ہجر ازالہ کر لیا
خاورِ خستہ جاں نے بھی
دیکھ! گزارا کر لیا
اس مجموعے میں سیریل اور ڈراموں کے منظر نامے بھی نظر آتے ہیں۔
ڈراما "دُھند" کے لیے لکھی گئی ایک نظم سنئے۔
برف گنگناتی ہے

رات چلنے لگتی ہے
گہری نیند کا جنگل، اک ذرا سی آہٹ سے
سر سرانے لگتا ہے
دل کی ٹمٹماہٹ میں خوف کھوئے جانے کا
کسمسانے لگتا ہے
برف گنگناتی ہے
رات جلنے لگتی ہے

ڈراما چٹان کے لیے نظم ہے۔
زندگی وہ دھارا ہے
جس کی تیز لہروں میں
آدمی کو بہنا ہے۔"

ایک ادا جو اُن کی تب بھی بہت بھلی لگتی تھی۔ وہ اب بھی اُتنی ہی اچھی لگتی ہے۔ نظموں میں کتھک کی چال چلتے ہوئے لمبے لمبے مصرعے، اور معنی کہیں چھوٹتے نہیں۔ گھنگھروؤں کی طرح قلم سے لپٹے رہتے ہیں۔

"میں نے دیکھا، اُس کی آنکھوں میں کئی صدیوں کا گہرا زرد سورج تھا کہ جس کا عکس وارفتہ مری نظموں کی
سطروں اور ادھوری خواہشوں کی شام سے لپٹا پڑا تھا اور کمرا دونوں سمتوں سے مقفّل تھا!"

ایک چھوٹا سا حوالہ اپنے لیے پیش کر دوں۔ پانچ سال پہلے میں ایوب کو کم سمجھ پایا

تھا۔ پانچ سال بعد اب اور بھی کم سمجھ پاتا ہوں، اِس لیے کہ وہ پہلے سے بہت وسیع ہو گئے ہیں۔ بڑے ہو گئے ہیں۔ وہ بڑے شاعر ہیں۔ ایوب کا کہنا ہے۔

تم کہتے ہو
نظم لکھو

اور اپنی اس اک بات کو خاور
مصرعوں میں زنجیر کرو
میں کہتا ہوں
درد میں لپٹی
سوگ میں ڈوبی
روگ کی روگی اس اِک بات کے کتنے معنی نکلیں گے
کیا تم نے یہ سوچا ہے؟

ایوب خاور، موت کی جمالیات کا شاعر

امجد طفیل

ایوب خاور کے اب تک تین شعری مجموعے "گلِ موسم خزاں" اور "تمھیں جانے کی جلدی تھی" اور "بہت کچھ کھو گیا ہے" شائع ہو چکے ہیں جن میں شامل نظمیں اور غزلیں ہمیں ایک ایسے شاعر کا پتا دیتی ہیں جس کے پاس اپنی بصیرت، اپنا انداز اور اپنا طرز اظہار موجود ہے۔ ایوب خاور کی شاعری میں کوئی ایسی بات ضرور ہے جو اسے اپنے ہم عصروں سے جدا کرتی ہے۔ اسے ایک منفرد شاعر کے طور پر اپنا وجود منوانے کے قابل بناتی ہے۔ اب اگر ایوب خاور کی شاعری کے حوالے سے یہ کہا جائے کہ اس کا وزن درست ہے، اسے قافیہ ردیف استعمال کرنا آتا ہے، اس نے شعری محاسن کو خوبی سے نبھایا ہے تو یہ ایسی بات ہو گی جسے یہ کہا جائے کہ ایوب خاور کو چلنا پھرنا آتا ہے۔ وہ کھانے پینے کے آداب سے واقف ہے کیوں کہ کسی بھی فن کے بنیادی لوازمات پورے کیے بغیر کسی کو اس فن کے دائرے میں داخل ہونے کا اذن نہیں ملتا اور جو لوگ دائرے سے باہر ہوں ان کی شخصیت و فن پر گفتگو ادبی تنقید کی ذیل میں نہیں آتی اسے ہم تعلقاتی گپ شپ قرار دے سکتے ہیں۔ ایوب خاور فن شاعری کے دائرے کے مرکز میں موجود ہے اور اپنے قارئین سے اس بات کا خواہاں ہے کہ اسے سنجیدہ ادبی معیارات کے مطابق پڑھا جائے۔

تخلیق کار کو اس دنیا میں جو باتیں تخلیق پر اکساتی ہیں ان میں سے ایک موت کا اسرار ہے۔ انسانی زندگی کی حقیقت اس سے زیادہ کچھ نہیں کہ اسے مرنا ہے اور شاید ایک تخلیق کار سب سے زیادہ اس حقیقت سے آگاہ ہوتا ہے کہ زندگی ایک ایسے راستے کا نام ہے جس کا اختتام موت کی وادی پر خار پہ ہوتا ہے۔ ایوب خاور کی کئی ایک نظمیں موت کے مظہر سے، شاعر کے مکالمے کی روداد ہیں۔ ایوب خاور موت کی ہیبت سے سہما ہوا نہیں۔ وہ خود کو بے بس اور لاچار ضرور پاتا ہے لیکن یہ بے بسی اور لاچاری اس کے ہاں کسی مریضانہ اعصابی اداسی اور تنہائی کو جنم نہیں دیتی۔ وہ اس دہشت ناک مظہر کے سامنے کھڑا ہے اور ہر لمحہ اپنی طرف بڑھتی موت سے مکالمہ کرتا ہے۔ اس نے موت کو ایک محبوبہ کے روپ میں دیکھا ہے۔ محبت اور موت اُس کے ہاں یوں باہم ہوئے ہیں کہ مرنا ایک خوب صورت لمحۂ وصال کی طرح محسوس ہوتا ہے۔ اس حوالے سے خاص طور پر اس کی نظم "اپنی موت پر ایک نظم" کا حوالہ دیا جا سکتا ہے۔ جس میں موت اور محبت کے مظہر ایک دوسرے سے ہم آہنگ ہو رہے ہیں۔ نظم کا انجام ہمیں شاعر کے سکون اور اطمینان کا پتا دیتا ہے۔

مری میت کو مٹی دینے والوں میں
مرے کچھ خواب، کچھ آرزوئیں اور کچھ نظموں کی سطریں رہ گئی ہیں
شام گہری ہونے والی ہے
کفن سرکا کے بس اب آخری بار اک ذرا اپنے لبِ نم ساز سے جاناں!
مری میت کے ماتھے اور آنکھوں اور ہونٹوں پر دوبارہ ایسے لمحوں کے ستارے
ٹانک دو جن کی کرامت
روزِ محشر تک لحد کے سرد اندھیروں میں مہکتی روشنی بھر دے

موت کو اس طرح قبول کرنے کا رویہ ہمیں صرف سچے تخلیق کاروں کے یہاں دکھائی دیتا ہے کیوں کہ ان کے پاس وہ قوتِ متخیلہ موجود ہوتی ہے جو زندگی کی بے ثباتی کو بقا کا استعارہ بناتی ہے۔ موت کے منظر سے مکالمہ کرتی ہوئی دوسری اہم نظم "ایک مرتے ہوئے آدمی کے لیے نظم" ہے۔ یہ کوئی اتفاق کی بات نہیں ہے کہ شاعر نے اپنا دوسرا مجموعہ کلام مرتب کرتے ہوئے ان نظموں کو پہلو بہ پہلو رکھا ہے بلکہ یہ جو میں دوسری نظم کا حوالہ دے رہا ہوں تو یہ کتاب میں پہلے درج ہے اور مجھے یہ دونوں نظمیں ایک فکری تسلسل کی حامل محسوس ہوتی ہے۔ یہ جو مرتا ہوا آدمی ہے یہ کوئی اور نہیں شاعر خود ہے۔ اس بات کی دلیل خود نظم کے باطن میں موجود ہے میں اس نظم سے ایک طویل بند نقل کرنے کی اجازت چاہتا ہوں۔

کون ہے وہ!
کس کے کہنے پر تمھارے سینۂ خالی کی محرابوں سے یہ لشکر چھٹتا جا رہا ہے!
اور تمھارے لشکر و طبل و علم کیوں سرنگوں ہیں
تم شکستِ ذات کے کن مرحلوں میں ہو
ادھر دیکھو تمھارے ہونٹ اتنے سرد کیوں ہونے لگے ہیں
کیوں رگوں میں دوڑتی پھرتی
لہو کی ندیاں جمنے لگی ہیں!
موسمِ گل پر اچانک برف باری کا سبب کیا ہے
کہو! کچھ تو کہو وہ کون ہے
کس سے تمھاری دشمنی ہے!
کس نے پل بھر میں تمھارے جسم و جاں میں موت بھر دی ہے

تمھیں معلوم ہے
اس حسن زادی کا کوئی نام و پتا معلوم ہے
کچھ تو کہو بھائی کہو، کچھ تو کہو نا
میرے بھائی
اب تمھیں مرنے سے تو شاید بچایا جا نہیں سکتا
مگر آنکھیں کھلی رکھنا کہ میں اس حسن زادی (رات کی صحباں) کا عکسِ مطمئن
ان بے صدا آنکھوں میں پڑھنا چاہتا ہوں

یہ جو اوپر میں نے طویل اقتباس درج کیا ہے اس کی ساری ساخت ایک مرتے ہوئے آدمی کی کیفیات اور احساسات کو گرفت میں لینے سے عبارت ہے موت کوئی ڈرانے والی حقیقت نہیں بلکہ حسن زادی ہے۔ جس کا عکس شاعر اپنی آنکھوں میں سمونا چاہتا ہے۔ یہی تخلیق کا حسن ہے کہ ایک انتہائی ہیبت ناک منظر کو جمالیاتی پیرہن پہنا دیا گیا ہے۔ موت کو جمالیاتی رخ سے پیش کرنے کی یہ ادا ہمیں بہت کم شاعروں کے ہاں دکھائی دیتی ہے۔ ایوب خاور اپنے تخلیقی سفر کے آغاز ہی سے موت کے ساتھ مکالمہ کرنے میں مصروف ہے۔ اس کی نظم "زندگی اور موت کے درمیان ایک نظم" ہو یا ابھی جنازہ اٹھا نہیں ہے

'زندگی اور موت کے درمیان ایک نظم" میں تخلیق کار اس ادراک کے باوجود کہ موت ایک اٹل حقیقت ہے، زندگی سے جڑے رہنے کی سعی کر رہا ہے وہ کسی صورت زندگی کا دامن چھوڑنے پر آمادہ نہیں ہے۔

جاں بہ لب ہیں
مگر اک حرفِ تسلی کے لیے

زندگی ہم تیری دہلیز پہ آبیٹھے ہیں
ہاتھ میں کاسہ تدبیر لے
زندگی ہم تری دہلیز پہ آبیٹھے ہیں

اس نظم کا تعلق ایوب خاور کی جوانی سے ہے۔ شاعر اپنی ساری توانائی کے ساتھ زندگی سے جڑنے کی کوشش کر رہا ہے جوانی میں شاعر کو یہ دعوا بھلا لگتا ہے کہ اس کے پاس کاسۂ تدبیر ہے۔ اس لیے وہ جاں بہ لب ہونے کے باوجود زندگی سے دست بردار ہونے کے لیے تیار نہیں ہے مگر تھوڑا سا آگے چلیں تو نظم "ابھی جنازہ اٹھا نہیں ہے" ہمارے راستے میں آکھڑی ہوتی ہے۔

ہوا دریچوں میں بند ہے اور خواب آنکھوں میں قید ہیں
اور آہٹیں راستوں میں زنجیر ہوگئی ہیں
محل سرا کے تمام دیوار و در منقش سکوت اوڑھے ہوئے کھڑے ہیں
گزشتہ عمروں کی دھول معزول خلوتوں
میں چراغ کی بے لباس لو سے گریزپا ہے
اور آئینے بے صفات و متروک
تخت و ایوان کے حشم کو دوامِ عکس
ملال کا غسل دے رہے ہیں
ابھی جنازہ اٹھا نہیں ہے

دراصل ایوب خاور نے یہ نظم ذوالفقار علی بھٹو کی موت پر لکھی تھی 1979ء میں۔ اس نظم کی لفظیات ہمیں بادشاہی نظام کی یاد دلاتی ہے۔ شاعر نے ان علامتوں اور

استعاروں کا انتخاب کیا ہے جن میں جلال و ہیبت جھلکتی ہے۔ لیکن موت کے دستِ فنا کے آگے یہ سب مٹی کے گھروندے ہیں۔ اس نظم میں ویرانی، سناٹا، حبس اور سکوت ایک عجیب فضا کی تشکیل کر رہے ہیں۔ یہ ساری نظم موت کے استعارے میں ڈھل جاتی ہے۔

اب تک میں نے اپنی گفتگو ایوب خاور کی نظموں تک محدود رکھی ہے اب ہم اس کی غزل کی طرف آتے ہیں۔ مجھے ایوب خاور کی غزلیں اور نظمیں پڑھتے ہوئے یہ شدید احساس ہوتا رہا ہے کہ ان کے پیچھے ایک تخلیقی وجدان اور سماجی اور سیاسی شعور کار فرما ہے۔ شاعر نے اپنے غزلیہ اشعار میں بھی موت کی جمالیات کو پیش کیا ہے۔

اے جمالِ فن اُسے مت روکہ تن آسان تھا
تیری دنیاؤں کا خاور صرفِ دنیا ہو گی

اب ایسا نہیں کہ شاعر اپنی بات کو صرف جسمانی موت تک محدود رکھتا ہے بلکہ اس کے ہاں تو تمنّا کی موت بھی جسمانی موت کے المیے سے جڑ جاتی ہے۔

سپردِ خاک کیا پہلے ہر تمنا کو
پھر اس کے بعد بچھا دی ہے اُن پہ چادرِ خواب

اس کے ہاں حسرت مٹی میں ملتی ہے۔ یا پھر جب یاد موت بن کر دل پر گرتی ہے تو ہمیں محسوس ہوتا ہے کہ شاعر کا تخلیقی وجدان اپنے اِرد گرد کی فضا میں موجود ہر اس بات کو جذب کر رہا ہے جو اس کے جمالیاتی تجربے کو وسعت دے سکے۔

حسرتِ گردِ رہ یار تھی چشم
ذرۂ جاں تھی سو مٹی میں ملی

وہ تری یاد کی پرچھائیں تھی
موت بن کر جو میرے دل پہ گری

شاعر کو اس بات کا بخوبی احساس ہے کہ موت اختتامِ زندگی ہے۔ مگر جب پروین شاکر کی موت پر لکھی گئی ایک غزل کا مطلع کہا تو گویا موت سے اُس کا احساسِ جمال کشید کر لیا۔

یہ تو سوچا بھی نہیں تھا کہ وہ مر جائے گا
چاند اک قبر کے سینے میں اُتر جائے گا

اب اس نے موت کی کیفیت کو کیسے نادر انداز میں بیان کیا ہے کہ انسان حیرت سے چونک اٹھتا ہے۔ ہم ساری زندگی بھاگ دوڑ کرتے رہتے ہیں ہر لمحے کسی نہ کسی کی تاک میں، کسی کو پانے کے لیے، کچھ حاصل کرنے کے لیے اور جب موت کے ہاتھ ہم تک پہنچتے ہیں تو اس وقت بھی یہی خیال دل میں ہوتا ہے کہ اگر یہ دو چار دن اور رک جاتی تو نہ جانے ہم کیا کر لیتے۔ شاعر اسے کچھ یوں رقم کرتا ہے۔

شکار آنکھوں کے سامنے تھا مگر مری موت آچکی تھی
اجل سمے کے اٹل ارادوں کے سامنے آسمان تھا میں

ایوب خاور کی شاعری کا جائزہ میں نے صرف ایک خاص زاویہ سے لیا ہے اور جن نظموں اور غزلیہ اشعار کا حوالہ دیا گیا ہے ان سے ہٹ کر بھی ان کا وفات پا جانے والے تخلیق کاروں کے لیے نظمیں لکھنا اسی زمرے میں شامل کیا جا سکتا ہے۔ اس حوالے سے انھوں نے طاہرہ نقوی، فیض احمد فیض، احمد ندیم قاسمی، علامہ اقبال، اختر حسین جعفری، استاد نصرت فتح علی خاں، دل دار پرویز بھٹی اور پروین شاکر کے لیے جو نظمیں لکھی ہیں وہ

موت کو ایک جمالیاتی استعارے کے طور پر قاری کو ایک ایسے پُل صراط پر لا کھڑا کرتی ہے جہاں منظر اور پس منظر عکس اور آئینے کی طرح مربوط دکھائی دینے لگتا ہے۔ اسی نکتۂ اتصال نے ایوب خاور کے تخلیقی وجدان کو ایک ندرت اور شاعری کی ایک انوکھی جہت سے ہم کنار کیا ہے

***

خواب آمیز عالمِ بیداری

اختر حسین جعفری

لاہور۔ 30/ مارچ 1991ء

ایوب خاور اپنا شعری تجربہ خارج میں موجود معاشرتی تضادات اور شعورِ ذات کے اُن مضافات سے کشید کرتا ہے جہاں آج کا انسان اپنے آپ کو اندرونی سطح پر کئی حصوں میں بٹا ہوا محسوس کرتا ہے۔ یہ مضافات وجود کی دوئی اور عدم اور وجود کی باہم ستیزہ کاری کے مضافات ہیں تاہم فکر کی یہ عمیق رَو اور زندگی کے بارے میں اس کا حکیمانہ طرزِ عمل اُسے اس شعری غنائیتPoetic Lyricismکے قرب و جوار سے دور نہیں لے جاتا جو کسی بھی زبان کی شاعری کا ایک بنیادی اور اہم جزو متصور ہوتی ہے۔

عصری اعتبار سے ایوب خاور کسی دیومالائی عہد کا متلاشی نہیں۔ وقت کی حیثیت اُس کے شعری عمل میں ادکتاوٗپاز کی زبان میں ساعتِ سیّار کی نہیں، ساعتِ مطلق کی ہے۔ عصر کا تصور اس کے ہاں اپنی کلیت میں ایک ایسے لمحے، ایک ایسے پَل کی صورت میں ملتا ہے جہاں تمام ابتدائیں اور انتہائیں مل کر اُس کے لیے ایک نئی شعری معنویت تخلیق کرنے کا سبب بنتی ہیں، جہاں صداقت اپنے وجود کی نفی سے اپنا اثبات پیدا کرتی ہے۔ یہ ایک ایسا خواب آمیز عالم بیداری ہے جہاں انسان خود اپنا وجود ہو کہ ذات یا پھر اپنی کوئی تازہ لکھی ہوئی نظم خود اپنے سوادِ حیات میں رکھ کر بھول جاتا ہے۔ یہ احساسِ خود فراموشی، یا برونِ وجود میں زندگی کو یاد رکھنے کا سلسلہ ایوب خاور کے ہاں ملارمے کی تقلید میں اردو نظم لکھنے

والے ان شعرا سے یکسر مختلف ہے جن کی علامتیں محض ذاتی اور اُردو شاعری کی مستند عمومی روایت سے منقطع ہونے کے ناتے ایک طرح کے احساسِ تنہائی کا شکار نظر آتی ہیں۔

درونِ ذات کا فساد ہو کہ خارج میں موجود کوئی عصری تضاد، ایوب خاور غیر ضروری مرصع کاری سے اجتناب کرتے ہوئے ایک انقلابی نوعیت کی شعری منطق (Syllogistics) کی بنیاد رکھتا ہے اور اپنے نو بہ نو موضوعات کے صغریٰ، کبریٰ اور نتائج کی منطقی اشکال کو انتہائی فنی مہارت سے آشنا کرتا ہے اور اس طرح نظمِ جدید کی اس عمارت کی تکمیل میں مصروف دکھائی دیتا ہے جس کے بام و دَر سے گزرتی ہوئی تازہ ہَوا میں خود اُس کے اپنے انفاس کی رَو شامل ہے۔

***

آہنگِ خاص

ڈاکٹر انور سجاد

80 کی دہائی میں اپنی پختگی کا احساس دلانے والے شاعروں میں ایوب خاور سب سے نمایاں اور اہم نظر آتا ہے۔ بصری میڈیم سے گہرا تعلق ہونے کے باعث اس کی امیجری انتہائی بصری ہے اور جزئیات سے لب ریز، یعنی اس کی شاعری میں زندگی اپنی پوری باریکی اور تفصیل سے نظر آتی ہے اور یہی اس کے شعری ہنر کا امتیاز ہے اور یہی خاص طور پر اس کی نظم کا وصف بھی۔ ڈرامانگار ہونے کے باعث ایوب خاور کے ہاں اکثر مقامات پر ڈرامائی عناصر بھی اپنی مخصوص اور پوری توانائی سے اظہار پاتے ہیں۔ دعا، مون سُونی رقص کے کچھ منظر، اماوس، ایک منجمد وداعی لمحہ In the Absence of God اور In the Presence of God ایسی نظمیں، اس امر کی گواہ ہیں۔ مجھے اُس کے پہلے مجموعوں "تمہیں جانے کی جلدی تھی" اور "گلِ موسمِ خزاں" کے منظر ناموں نے بھی بہت متاثر کیا تھا۔ خاص طور پر جو تاریخی جبر کے شکنجے میں سسکتی، تڑپتی جمہوریت کے ناقابل فراموش نوحے اور رزمیے ہیں۔

اس مجموعے "بہت کچھ کھو گیا ہے" کی نظم "لاریب" میں جس انداز سے زندگی تاریخ و تہذیب کے آئینے میں دیکھی گئی ہے، Epic کی یاد دلاتی ہے۔

موسیقی سے گہری دل چسپی اور سر تال کے ادراک نے ایک خاص آہنگ سے بھی اس کی شاعری ہم کنار کی ہے۔ جس کی وجہ سے یہ مجموعہ خاص اہمیت اختیار کر گیا ہے۔ اسی لیے میں ایوب خاور کو اس کے ہم عصروں میں ایک غیر معمولی شاعر سمجھتا ہوں۔

***

ایوب خاور کے لیے کچھ لفظ

امجد اسلام امجد

شاعر دوستوں کی کتابوں پر لکھنا ایک بہت مشکل عمل ہوتا ہے کہ قدم قدم پر انیس کا "خیالِ خاطرِ احباب" والا شعر آپ کا قدم روکتا ہے مگر جب کوئی دوست ایوب خاور جیسا غیر معمولی شاعر ہو تو یہی مشکل کام خود بخود آسان ہوتا چلا جاتا ہے کہ آپ جو بھی اسمِ توصیف استعمال کرتے ہیں متعلقہ کتاب کا ایک ایک ورق خود اُٹھ کر اُس کی گواہی دیتا ہے۔ ایوب خاور زمانی اعتبار سے مرحومہ پروین شاکر کا ہم عصر ہے لیکن یہ دونوں مجھے اس قدر عزیز ہیں کہ عمروں کا سات آٹھ برس کا فرق کبھی ہماری دوستی میں حائل نہیں ہوا۔

ہر اچھے شاعر کی طرح ایوب خاور کے اس تازہ شعری مجموعے "بہت کچھ کھو گیا ہے" کو پڑھتے وقت آپ ایک خوش گوار اور دلچسپ تجربے سے گزریں گے کہ اس میں وہ ایوب خاور بھی دکھائی اور سنائی دے گا جس کو آپ جانتے اور پہچانتے ہیں اور اُس کی تخلیقی شخصیت کے کچھ ایسے رنگ بھی آپ کا رستہ روکیں گے جو اس سے پہلے شاید "غنچگی" کے کسی عالم میں تو نظر آئے ہوں لیکن اُن کا موجودہ محملِ تر کا سارو پ بالکل نیا اور انوکھا ہو گا جس کی کچھ مثالیں گلزار صاحب نے اپنے دیباچے میں بھی درج کی ہیں۔

ایوب خاور کی شاعری مجھے اس لیے بھی پسند ہے کہ وہ موسیقی سے اپنی طبعی رغبت

کی بنا پر اپنی شاعری میں ایک ایسی نغمگی کی کیفیت ہمیشہ برقرار رکھتا ہے جو نہ صرف شعر کی قرأت کے دوران لطف دیتی ہے بلکہ اپنی معرفت معانی کے بھی کچھ ایسے در وا کرتی چلی جاتی ہے جن کی ایک اپنی منفرد جمالیات ہے اور بہت کم شاعر ہیں جو ایوب خاور کی طرح اس ہفت خواں کو اتنی آسانی اور کامیابی سے طے کرنے کی اہلیت رکھتے ہیں۔

بہت کچھ کھو گیا ہے" بلاشبہ ایک ایسی کتاب ہے جو نہ صرف جدید اُردو شاعری کے مستقبل کے بارے میں بہت سے منفی رجحانات اور تحفظات کا بھرپور جواب دیتی ہے بلکہ آپ اس کھڑکی سے سخن کے اُس روشن آسمان کو بھی دیکھ سکتے ہیں جہاں صرف ایسے "مغنّیِ آتش نفس" قیام کرتے ہیں جنھیں ڈھونڈنے کی پیرومرشد مرزا غالب نے بھی تمنّا کی تھی۔

***

ایوب خاور

احمد ندیم قاسمی

علامت اور استعارے سے جو بھرپور فائدہ ایوب خاور نے اُٹھایا ہے، اس کی توفیق نئی نسل کے کسی بھی دوسرے اہم شاعر کو نہیں ہوئی۔ یوں سمجھئے کہ ایک ایسے دور میں جب علامت، عدم ترسیلِ معانی کا شکار ہو رہی تھی اور جب استعارے کا تناظر ابہام کی لپیٹ میں جا رہا تھا۔ ایوب خاور نے اپنی اپج، ذہانت اور تخلیقی وفور کے بل پر علامت اور استعارے کو حیاتِ نو بخشی اور شعر و ادب کے ان امکانات کو نہ صرف زنگ خوردہ ہونے سے بچا لیا بلکہ انھیں نئی وسعتوں اور رسائیوں سے روشناس کرایا۔ میں ایوب خاور کی شاعری سے اس زمانے سے متعارف ہوں جب وہ کراچی یونی ورسٹی کا طالب عالم تھا۔ چناں چہ میں اس کے شعری سفر کے بیش تر مقامات و حالات سے واقف ہوں۔ اس لیے میں پورے اعتماد سے کہہ سکتا ہوں کہ خاور کے فن میں جو تدریجی ارتقا ہوا ہے اس سے ان نوجوان اہلِ قلم کو بہت کچھ سیکھنا چاہیے جو یکا یک ہائی جمپ یا لانگ جمپ لگا کر معروف و نمایاں ہونے کے درپے رہتے ہیں۔ دوام صرف تدریجی ارتقا سے ملنے والی شہرت کو حاصل ہے اور اس کی ایک جیتی جاگتی اور بلیغ مثال ایوب خاور کی شاعری ہے۔

اُردو میں نظم معریٰ اور نظم آزاد کے رواج کے بعد جن شعرا نے اس صنف سخن کو مقبول بنایا ہے ان میں ن۔ م۔ راشد، اختر الایمان، ظہور نظر اور مجید امجد کے ساتھ ہی

دیگر چند شعرا کے علاوہ مجھے ایوب خاور کا نام بھی ہمیشہ یاد آتا ہے۔ ہمارے اس نوجوان اور تازہ گو شاعر نے جس سلیقے اور آسانی اور روانی کے ساتھ آزاد نظمیں لکھی ہیں وہ اسی کا حصّہ ہے۔ اس کی قریب قریب ہر نظم کے مطالعے سے مجھے آزاد نظم کے آفاق، حدِّ نگاہ تک پھیلتے ہوئے محسوس ہوتے ہیں۔ ایوب خاور کی نظموں کے مطالعے سے ہر ذہین قاری کا یہ یقین پختہ ہو گا کہ نظم آزاد کے امکانات اتنے لامحدود اور اتنے بے پناہ ہیں کہ جب تک شاعری ان سبھی امکانات کو مسخر نہیں کر لیتی۔ نام نہاد نثری نظم کا کوئی ابتدائی جواز بھی پیدا نہیں ہوتا۔ آخر انسان کے پاس پھر سے غاروں میں اُترنے اور درختوں پر چڑھ جانے کا کوئی تو جواز چاہیے۔

ایوب خاور اپنی آزاد نظموں میں مصرعوں کو کہیں کہیں سے توڑ کر انھیں مصنوعی طریقوں سے پڑھنے والے کو چونکاتا یا صدمہ نہیں پہنچاتا بلکہ وہ دریا کی طرح رواں دواں رہتا ہے۔ اس لیے اگر اس کا کوئی مصرع بہت طول کھینچ جاتا ہے تو وہ اس سے گھبراتا نہیں بلکہ جانتا ہے کہ جو "روم" اس نے منتخب کیا ہے وہ اگر برقرار رہے تو ایک مصرعے کو ایک صفحے تک کھینچا جا سکتا ہے بلکہ آزاد نظم تو ایک طرح سے ایک طویل مصرع ہی ہوتی ہے۔ وہ بہاؤ جو نظم آزاد کے پہلے لفظ سے آخری لفظ تک موجود رہتا ہے، ایوب خاور کے ہاں باقاعدہ ایک فنی اعجاز بن گیا ہے۔ نظم آزاد کا پیرایہ اظہار ایوب خاور کے مزاج و افتاد کے عین مطابق ہے اور اگرچہ افواہ ہے کہ اس نے چند نثری نظمیں بھی لکھی ہیں مگر مجھے یقین ہے کہ نظم آزاد کے وہ امکانات اسے کبھی بھٹکنے نہیں دیں گے جن سے وہ بہت اچھی طرح متعارف ہے۔

ایوب خاور کے موضوع و مواد کی ایک اہم خوبی اس کا مفکرانہ انداز ہے۔ وہ مسائل کی محض سطح پر نہیں منڈلاتا بلکہ ان کی گہرائیوں میں اُتر جاتا ہے اس لیے اس کے فن میں

ایسی گمبھیر تا، ایسا بھرپور پن ہے جو اس کے ہم سن شعرا میں شاذ ہی دست یاب ہے۔ یہ اُردو شاعری میں غالبؔ اور اقبالؔ کی فکری روایات کی توسیع ہے۔ دراصل ہر دور کے اپنے مخصوص تقاضے ہوتے ہیں اور ہر دَور کا مفکر انھی تقاضوں کے تحت ان مسائل کا فنی تجزیہ کرتا ہے۔ یوں ہر نئے دور کی فکر کو گزشتہ دور کی توسیع قرار دیا جاسکتا ہے۔ مسائل کا ردِّ عمل منفی بھی ہو سکتا ہے اور مثبت بھی۔ ایوب خاور کا رجحانِ طبع بیش تر اثبات کا ہے۔ اگر اس کے ہاں کہیں کہیں نفی کی کیفیت بھی پیدا ہوتی ہے تو یہ شر کی نفی ہے اور شر کی نفی ہی خیر کے اثبات کا پیش خیمہ ہوتی ہے۔ ایوب خاور بے کیفیوں، اداسیوں اور شکستوں کا فاتح ہے۔ یہی وجہ ہے کہ اس کی نظموں اور غزلوں میں انتہائی کرب کے موثر اظہار کے باوجود اس افق کی کیفیت مسلسل موجود رہتی ہے جو طلوعِ آفتاب کی پذیرائی کے لیے آہستہ آہستہ منور ہوتا چلا جاتا ہے۔ ایوب خاور کا یہ فکری اسلوب اسے اپنے دور کے شعرا میں ایک امتیاز بخشتا ہے اور یہی امتیاز اس کی پہچان ہے۔

ایوب خاور کی غزل بھی اس کی نظم کی طرح تہہ دار ہے۔ ویسے صحیح معنوں میں تو غزل ہوتی ہی تہہ دار ہے کیوں کہ اگر اس میں سے رمزیت کو خارج کر دیا جائے تو وہ ایک کھنڈر سا بن کر رہ جاتی ہے مگر خطرہ وہاں پیدا ہوتا ہے جہاں شاعر اپنے عہد کے آشوب اور کرب کو الفاظ میں منتقل کر رہا ہوتا ہے تب غزل عموماً بیانیہ شاعری میں بدل جاتی ہے اور اگرچہ بیانیہ شاعری کی بھی ایک اپنی اہمیت ہے مگر غزل کے لیے بیانیہ اسلوب کسی صورت میں مناسب نہیں سمجھا گیا۔ ایوب خاور غزل کے رمزیاتی حسن سے جی بھر کر کام لیتا ہے۔ صداقت کی جستجو میں بھی رہتا ہے، وہ بے چین بھی ہوتا ہے، کڑھتا بھی ہے مگر مجال ہے جو اس کے ہاں Narration کا انداز جگہ پاسکے۔

وہ اوّل و آخر شاعر ہے، وہ شاعری کے جملہ مطالبات کا لحاظ رکھتا ہے اور تمام فنی

تقاضوں کا احترام کرتا ہے اور وہ اس کے باوجود جدید ہے بلکہ جدید تر ہے۔ علامتوں، استعاروں اور لفظوں کو نئی معنویتوں سے آراستہ کرنے والا شاعر، تیکھا شاعر اور جدید تر کا نمائندہ شاعر۔۔

***

ایوب خاور

عاصی کرنالی

آیئے ایک ایسے دشت کا تصور کریں جس میں تنہائی ہو، ویرانی ہو، سنّاٹا ہو۔ جہاں سورج آسمان کی بجائے زمین سے نکلتا ہو۔ جہاں ذرّہ ذرّہ کسی بے مہر موسم کی بے مروّت دوپہر میں آگ کا جہنم اُگل رہا ہو۔ جس دشت میں بادِ سموم ہو۔ رات کے متحرک ٹیلے ہوں۔ چیختی ہوئی اور چنگھاڑتی ہوئی بلائیں غولِ بیابانی کی طرح بھاگتی دوڑتی پھر رہی ہوں۔ جہاں کوئی سمت نہ ہو، کوئی انجامِ سفر نہ ہو، کوئی منزل نہ ہو اور اس دشتِ ہول ناک کی بیکراں وسعتوں اور غیر محدود مسافتوں میں ایک تنہا مسافر سفر کر رہا ہو۔ اُس مسافر کا بدن زخم زخم ہو، دل لہولہو۔ پاؤں کانٹوں سے فگار ہوں۔ جسم اس جہنمِ آتشیں کی شعلہ باریوں میں جھلس رہا ہو لیکن وہ مسافر ایک ایسے عزم اور ایک ایسی اُمید کی بشارتوں سے معمور ہو، جن بشارتوں میں، موسمِ خزاں کے دامن کی سطح پر پھول سجانے کا حوصلہ ہو۔ جو مسافر سراب کی رگیں نچوڑ کر دریا بہادینے اور سورج کی کرنیں کشید کر کے بارشیں برسا دینے کی ہمّت رکھتا ہو جو موسمِ خزاں کو گل طراز اور سمن فشاں بنا سکتا ہو اور جو دشتِ ہول کو چمنِ آسودگی میں بدل دینے کی توفیق سے مشرف ہو۔ آپ نے جس دشت کا تصور کیا ہے اُس کے مسافر کا نام ایوب خاور ہے اور اُس کی توفیقات، عزائم، اُمیدوں اور بشارتوں کا نام گلِ موسمِ خزاں ہے۔ موسمِ خزاں کا لفظ اُس کی زندگی کی محرومیوں کی علامت ہے اور گُل

اِن محرومیوں کی خاک سے امکانات کے پھول کھلانے کا استعارہ ہے۔

ایوب خاور کی پوری شاعری اُس کے آنسوؤں میں بھیگی ہوئی ہے۔ اُس کے شجرِ تخلیق کی ہر شاخ اُس کے دلِ زخم زخم سے سلگ رہی ہے۔ اُس کی تخلیق کو پوری فضا اُس کہر میں لپٹی ہوئی ہے جو اُس کی نارسا آہوں کے بطون سے ابھری اور چار اطراف میں پھیل گئی ہے لیکن اُسے ماحول کو بدل ڈالنے کا ہنر آتا ہے۔ وہ آنسوؤں سے تبسّم طلوع کرنے، کہر سے روشنی ظہور کرنے اور زخموں سے پھول اُجالنے کی صفات سے مالا مال ہے۔

جب وہ کہتا ہے۔

سفر ہے دشت کا اور سر پہ رختِ تنہائی\
یہ بار بھی اسی عمرِ رواں کو ڈھونا ہے

تو بار ڈھونے کا عزم گویا محرومی کے تناظر میں احکامات کا سراغ لگانے کی آرزو ہے۔

جب یہ شعر اُس کی نوکِ قلم پر آتا ہے۔

جلتے سورج کے سایے میں خاور\
کٹ ہی جائے گا یہ سفر تنہا

تو ہمیں کٹ ہی جائے گا یہ سفر کے آئینے میں ایوب خاور کے عزم کا تمتماتا چہرہ نظر آتا ہے اور پھر جلتے سورج کو سایہ قرار دینا اُس کے حوصلے کا پرتو بن کر سامنے آتا ہے۔

یا پھر۔۔۔

تھکن نے پاؤں میں کانٹے بچھا دیئے خاور\
مگر یہ دھوپ سفر، بے تکان میں نے کیا

تھکن پاؤں میں کانٹے بچھاتی ہے لیکن مسافر اسی تھکن میں بے تکان دھوپ سفر

کرتا ہے

وہ کہتا ہے۔

کاری ہے جو انفرادیت اور امتیاز کا شرف لیے ہوئے ہے۔ اُس کے اسلوب میں استعارہ، رمزیت اور نظم و غزل کے جدید مطالبات کے فن اور معنوی محاسن موجود ہیں۔ وہ لفظ کے در کھول کر معانی کے نئے نئے عجائب خانوں تک ہمیں لے جاتا ہے اور خلیق امکانات کو اُن فضاؤں میں ہمیں اُڑا لے جاتا ہے جہاں ہم ناپیدہ اور نادیدہ جہانوں کی سیر کرتے ہیں لیکن ان بیکراں زمان و مکاں بلکہ لازماں اور لامکاں کی مسافتوں کے باوجود وہ اپنا اور ہمارا رشتہ زمین سے استوار رکھتا ہے۔

میری نظر میں ایوب خاور تخلیقی احکامات کی اُس سطح پر ہے کہ اُس نے گلِ موسمِ خزاں میں جس جس افق کا چہرہ ہمیں دکھلایا ہے اُن سے کہیں زیادہ افق اُس کی نگاہوں کے سامنے بے حجاب ہیں اور وہ ایک ایک کر کے ان سب کے منور چہرے ہمیں دکھانے کا عزم رکھتا ہے۔

***

خاور بھائی

اعجاز رضوی

فنون ماڈل ہائی اسکول میں داخلہ لینے کے بعد پہلے دن جب میں ڈرتے ڈرتے کلاس روم میں داخل ہوا تو جن چار ہونہار طالب علموں سے ملاقات ہوئی ان میں ایوب خاور بھی شامل تھے۔ باقی تین طالب علموں میں خالد احمد صاحب، نجیب احمد صاحب اور قائم نقوی صاحب شامل ہیں۔

شاید ان دنوں یہی تینوں ریگولر طالب علم تھے۔ پھر بعد میں ندیم صاحب کی طرف سے ریگولر طالب علم کا خطاب مجھے ملا، فنون ماڈل ہائی اسکول میں پڑھنے والے کچھ طالب علم تو ابتدا ہی میں استاد بن گئے تھے مگر جن چار طالب علموں سے پہلے دن میری ملاقات ہوئی تھی وہ اب تک ویسے ہی معصوم بھولے اور سیدھے سادھے ادبی قسم کے طالب علم ہیں۔ خالد احمد صاحب بیاض کے مدیر ہیں مگر نئے لکھنے والوں کا یوں ٹیسٹ لیتے ہیں جیسے ان میں سے کسی ایک کو استاد بنانے کا ارادہ رکھتے ہوں۔

نجیب احمد صاحب بائی پاس کے مرحلے سے گزر آئے ہیں مگر ابھی تک دوستوں کے ساتھ چلتے ہیں اور کسی کو بائی پاس نہیں کرتے۔

قائم نقوی ماہ نو کے ایڈیٹر ہیں مگر یوں سادگی سے پھرتے ہیں جیسے ماہ نو میں غزل چھپوانا چاہتے ہیں۔ رہے اپنے خاور بھائی تو ان کی سادگی کو دیکھیں تو دل بے ساختہ پکارتا

ہے۔۔۔ حد کر دی آپ نے حد کر دی آپ نے۔۔۔

ایوب خاور چکوال کے رہنے والے ہیں مگر جب چکوال میں زبان اور رنگ زیادہ خراب ہو گیا تو یہ کراچی چلے گئے۔۔۔ وہاں یونی ورسٹی میں با قاعدہ عشق کا قاعدہ پڑھا اور شادی شدہ ہونے کی سند پائی اور روزی روٹی کے چکر میں پی ٹی وی جوائن کر لیا، انھی دنوں سے بھابی، اُن کے ساتھ ہیں اور بر ملا کہتی ہیں کہ روٹی تو ٹھیک ہے، مگر میں خاور کے ساتھ یوں رہتی ہوں تا کہ پتا چلے یہ کم بخت روزی کون ہے۔

ایوب خاور نے جونیئر پروڈیوسر کی حیثیت سے بھی بہت اچھے پروگرام تخلیق کیے اور ابتدا ہی میں اپنی ذاتی قابلیت اور تخلیقی صلاحیت کی بنا پر وہ سب کچھ کر دکھایا جو اس وقت کے سینئر پروڈیوسر صرف سوچا کرتے تھے، اچھے پروگراموں کی روک تھام کے سلسلے میں ایوب خاور کو کراچی سینٹر سے لاہور سینٹر بھیج دیا گیا، لاہور آکر ایوب خاور نے ایسے ایسے ڈرامے تخلیق کیے اور وہ وہ غزلیں اور نظمیں لکھیں کہ ایک بار پھر دل بے ساختہ پکار اٹھا۔۔۔

حد کر دی آپ نے، حد کر دی آپ نے

ایوب خاور کا اصل نام ایوب خان ہے جس طرح پاکستان میں بہت سے غالب ہیں مگر جب ہم کہتے ہیں کہ غالب نے کہا تو اس سے مراد ہوتی ہے مرزا غالب نے کہا، اسی طرح جب ہم ایوب خان کہتے ہیں تو اس کا مطلب ہوتا ہے، فیلڈ مارشل ایوب خاں، اسی لیے ہمارے ادبی ایوب خاں نے اپنا نام ایوب خاں سے بدل کر ایوب خاور کر لیا تھا کہ کہیں فیلڈ مارشل ایوب خان کے تمام بڑے کام ان کے نام نہ لگ جائیں اور ان کی تمام خوب صورت شاعری جیسے۔۔۔

سات سروں کا بہتا دریا تیرے نام

ہر سر میں ہے رنگ دھنک کا تیرے نام
ہاتھ الجھے ہوئے ریشم میں پھنسا بیٹھے ہیں
اب بتا کون سے دھاگے کو جدا کس سے کریں
ایک دل تھا جسے پہلے ہی گنوا بیٹھے ہیں
اور اس گھر میں بچا کیا ہے لٹانے کے لیے

یہ اور اس طرح کے بہت سے خوب صورت شعر، غزلیں اور نظمیں فیلڈ مارشل ایوب خان کے نام سے مشہور نہ ہو جائیں۔

ایوب خاور کا قد بچپن ہی سے بڑا ہے اور اس بڑے قد میں ان کی ماں کی دعا بھی شامل ہے کہ وہ ہر وقت دعا کرتی تھیں کہ میرا بیٹا بڑا آدمی بنے، سو ایوب خاور چھ فٹ سے بھی زیادہ کا بڑا آدمی بن گیا، جہاں تک شاعر بننے کا تعلق ہے تو یہ ان کی بیگم اور بیگم کے ساتھ اس روزی کی کرامت ہے جس کو کسی نے آج تک نہیں دیکھا۔

سنا ہے لمبے آدمی کی عقل گٹوں میں ہوتی ہے مگر ایوب خاور کی شاعری نے ثابت کیا ہے کہ شاعری عقل کے زور پر نہیں ہوتی۔

یہ اللہ تعالیٰ کی دین ہے ویسے اگر شاعری قد، عقل اور ڈکشنری کے زور پر ہوتی تو آج ہر شخص فیض اور ندیم ہوتا۔

ایوب خاور بنیادی طور پر ایک تخلیق کار ہیں اور تخلیق کار ہر شعبہ میں صلاحیت کو منواتا ہے ایوب خاور نے بھی ڈراما پروڈکشن میں جو کام کیا وہ نئے پروڈیوسروں کے لیے ایک اہم بنیادی نصابی کام کی حیثیت رکھتا ہے۔ ایوب خاور نے جو غزلیں لکھیں، وہ غزل گو شاعروں کے لیے مشعل راہ ہیں۔ ایوب خاور نے جو نظمیں لکھیں وہ نظم نگاروں کے لیے ایک مثال ہیں ایوب خاور نے کہا۔

جب تلک تجھ سے کوئی بات نہ ہو
میں تجھے دیکھ نہ لوں
شعر نہیں کہہ سکتا
تمھیں جانے کی جلدی تھی سو اپنی جلد بازی میں
تم اپنے لمس کی کرنیں نظر کے زاویے پوروں کی شمعیں
میرے سینے میں بھڑکتا چھوڑ آئے ہو

ایوب خاور کی پہلی کتاب "گل موسم خزاں کا انتساب ان کی بیگم کے نام ہے مگر اس میں لفظ عزیزہ لکھا ہے، اس لیے لوگ پوچھتے ہیں، یار ایوب خاور تو شریف آدمی ہے، پھر یہ عزیزہ کون ہے۔۔۔

جس زمانے میں ایوب خاور کے پاس کاواساکی موٹر سائیکل ہوتی تھی، اس زمانے میں یہ پروڈیوسر کم اور کوریئر سروس کا نمائندہ زیادہ لگتے تھے ادھر موٹر سائیکل اسٹارٹ کی، کچھ دور چلے، پھر رُکے، اپنے بیگ کو چیک کیا، کچھ نوٹ کیا، پھر چلے، پھر رُکے، موٹر سائیکل کو غصہ سے ہلایا۔ ٹینکی کھولی، پٹرول چیک کیا اور غصہ سے بولے، یار یہ پٹرول بہت کھاتی ہے اگر یہ سالی مونث نہ ہوتی تو میں اس کی ایسی تیسی کر دیتا۔

اسی طرح ایک دن یہ مجھے اپنی موٹر سائیکل پر بٹھا کر ٹی وی اسٹیشن جا رہے تھے کہ راستے میں ایک ٹریفک سارجنٹ نے ہمیں روک لیا اور بڑے غصّے سے مجھے مخاطب کیا، اوئے پچھے بہہ کے موٹر سائیکل چلا ریا ایں؟ میں نے کہا، میں موٹر سائیکل نئیں چلا ریا ایہہ چلا رئے نیں، سارجنٹ نے ایوب خاور کو غور سے دیکھا اور کہا، ٹھیک اے جاؤ۔۔۔ پر یار منہ تے کوئی نشانی تے لاؤ، تاں جے پتا چلے کے بندہ بیٹھا اے۔۔۔ لگدا اے چٹی شلوار قمیص موٹر سائیکل چلا رئی اے۔

بس اسی دن ایوب خاور نے موٹر سائیکل چھوڑنے کا فیصلہ کیا اور ایک پرانی کار لے لی۔ کار لے کر یہ فنون کے دفتر آئے، خوشی سے ندیم صاحب کو کار کی زیارت کروائی۔۔۔ ندیم صاحب بہت خوش ہوئے اور بولے بھئی کتنے روپے کلو ملی یہ کار۔ ایوب خاور نے اس فقرے پر ایک قہقہہ لگایا، ہاہاہا، اور کہا بس مل گئی اس دن سے آج تک ایوب خاور اس طرح کار چلا رہے ہیں جیسے بچے ویڈیو گیم کھیلتے ہیں۔ ایوب خاور کا زیادہ وقت پنجاب اور باقی سندھ میں گزرا ہے، اس لیے، ان کی مادری زبان اور فادری زبان کا، کچھ پتا نہیں۔۔۔ ایک دن ایک شخص ٹھیٹ پنجابی میں ان کے ڈراموں کی تعریف کر رہا تھا، اور کہہ رہا تھا، تسی، لوکاں نوں میٹر کر دیتا اے۔۔۔ میں آناتسی کی شے ہو بادشاہو تسی بڑی شے ہو، تسی ڈراما کر رہے او، جگر جان تسی، بس تسی او، وہ شخص جب تعریفیں کر چکا تو خاور بھائی کو تھاپی دے کر رخصت ہو گیا تو ایوب خاور نے اسے حیرت سے دیکھا اور مجھے مخاطب کیا اور کہا، یار مولوی، ایس بندے نوں شاید اندازہ نئیں نہ ہی ایس نوں ساڈے بارے میں زیادہ معلومات نیں، ورنہ اے ایسی گلاں نہ کردا۔۔۔ یار مولوی اگر مجھے ایہدی گلدی سانوں سمجھ آ جاندیاں تو اس کی ایسی تیسی کر دیتا۔

میں نے ان کی بات سنی تو بولا۔ خاور بھائی، پنجابی تو صحیح بولیں تو انھوں نے جواب دیا۔ مولوی تینوں معلوم نہیں، چکوال اور کراچی دے درمیاں وچ پھر پھر کے لوگوں کی ایسی ہی پنجابی ہوتی اے، میں نے کہا ہوندی اے تے فیر ہونے دو۔۔۔ ایوب خاور نے کہا دیکھا، پھر جی، تم بھی اب صحیح پنجابی بولنے لگے۔۔۔ اسی طرح کی پنجابی بول بول کے تو کراچی اور لاہور میں یکساں مقبول ہو گئے۔۔۔ میں نے کہا ٹھیک ہے، ایوب خاور کی آواز اتنی خوب صورت ہے کہ اگر کسی کو ڈانٹ رہے ہو تو، سامنے والا چاہتا ہے کہ بس ڈانٹتے رہیں۔ ایوب خاور سے کسی معاملے پر بات کرو تو وہ کہتے ہیں، دیکھو نا یار، بات یہ ہے،

دوسرا کہتا ہے کیا بات ہے، تو وہ کہتے ہیں، یار تم بات سمجھے نہیں دوسرا کہے ہاں میں سمجھا نہیں تو یہ کہتے ہیں، بس یہی تو بات ہے، دیکھو نا یار بات سمجھو۔۔۔ میں شاعر ہوں کوئی پروڈیوسر نہیں ہوں۔۔۔ چلو مان لیتا ہوں کہ میں شادی شدہ ہوں مگر یار اب۔۔۔مان لو نا میں شاعر ہوں اور ایوب خاور وہ واحد شاعر ہے جن کو ان کی بیوی بھی شاعر مانتی ہو۔۔۔ اب اگر کسی فن کار کو اس کی بیوی شاعر مان لے تو ہم کو بھی مان لینا چاہیے۔

سو ہم نے مان لیا، خاور بھائی آپ شاعر ہیں اب آپ بھی مان لیں کہ میں آپ سے آپ کی فیملی سے پیار کرتا ہوں۔

***

ایوب خاور کی شاعری

ڈاکٹر ناہید قاسمی

احمد فراز نے درست کہا تھا کہ "بڑوں کے چلے جانے نے ہمیں بڑا بنا ڈالا۔" میں اپنے آپ کو ایسی اہم اور پر وقار تقریب کی صدارت کا اہل نہیں سمجھتی۔ نجیب بھائی کا بہت شکریہ کہ مجھے ایک بے حد منفرد شاعر ایوب خاور کے اعزاز میں منعقدہ اس تقریب میں شریک ہونے کا موقع دیا۔

ایوب خاور واقعی اپنے عہد کے شعرا میں منفرد و نمایاں مقام رکھتے ہیں۔ یہ انفرادیت نہ صرف ان کی حسین لفظیات سے ظاہر ہے بلکہ ان کی مخصوص دلآویز امیجری سے بھی واضح ہوتی ہے۔ ان کی نظموں کا پیٹرن مثالی ہے اور ان کے مصرعوں کی ترتیب ایسی کشش کی حامل ہے کہ نظم کے آغاز سے اختتام تک روانی اور بہاؤ کا تسلسل برقرار رہتا ہے۔ جب کہ نظموں کی بنت کا انوکھا پن اور نظم و غزل میں برتے گئے موضوعات کو اظہار کے مختلف سانچوں اور زاویوں میں مجسم کرنا بھی ایوب خاور کا اپنا ہے۔ یہ پر کشش انفرادیت ان کے جیسے جینوئن اور حقیقی شاعر ہی کے حصے میں آسکتی ہے جو جذبہ و احساس اور فکر و دانش کے ساتھ ساتھ بھرپور تخلیقی وفور بھی رکھتا ہو۔

ایوب خاور نے ہر گزرے لمحے کو اس کی اصلی اور سچی گہرائی تک محسوس کیا ہے اور جو ان کے شعری تجربات و مشاہدات کے سرمائے میں اضافہ کرتا جا رہا ہے۔ میرے

نزدیک ایوب خاور کی شاعری میں دیہی اور شہری زندگیوں کا خوب صورت اور شائستہ سنگم ہے۔ جبھی تو وہ "چھت پر سوکھتی مرچوں اور گٹھڑیوں میں باندھے ہوئے دنوں" کے ساتھ ساتھ خوابوں اور آئینوں کا ذکر بھی کرتے ہیں۔ انھیں رومانویت کی کھلی چاندنی میں رہنا پسند تو ہے لیکن وہ حقیقت کی تیز چمکتی دھوپ میں سفر کرنے سے گریز نہیں کرتے اور اس سب کچھ کو اپنے خاص انداز بیان کے سانچوں میں سے گزار کر اپنی شاعری میں صورت پذیر کرتے رہے ہیں اور یوں اپنی خاص پہچان اور الگ سا اسلوب ابھار لینے میں کامیاب رہے ہیں۔ ایوب خاور کی ایک خوب صورت نظم بہ عنوان 'یہاں اک نظم رکھی تھی' کے چند ڈھونڈتے ہوئے کھوجتے ہوئے متجسّس مصرعے سنیے۔

"عجب جادوگری ہے کار دنیا بھی
کوئی لمحہ فراغت کا نہیں ملتا
گزرتے وقت کے پہیے سے اپنے پاؤں کا چکر ملانے کی
عبث خواہش میں جتنی دھول آنکھوں میں در آئی ہے
بھلا دیتی ہے
کس کاغذ پہ کتنی نظم لکھی تھی
کہاں کس خواب کے ٹکڑے پڑے ہیں
کون سے کونے میں کس خواہش پہ مکڑی جال بُنتی جا رہی ہے
کون سی دیوار پر کس آئینے میں بے ضرورت عکس رکھا ہے

ایوب خاور ایک ایسے شاعر ہیں جو بہت اداس ہیں۔ کچھ تو اپنی آرزوؤں اور تمناؤں کی شکست پر، کچھ اپنے ارد گرد پھیلے کم فہمی اور خود غرضی کے مظاہر پر، کچھ قدرتی آفات کے جبر اور انسان کی بے بسی پر اور کچھ عالمی آفاق پر سے گرجتی آتی ظلم و استحصال کی

آندھیوں کی وجہ سے۔۔۔ لیکن اس گھنی گمبھیر اداسی میں بھی وہ ہمت اور حوصلہ نہیں ہارتے ہمیشہ ہر مقام اور ہر موڑ پر اپنے آپ کو بخوبی سنبھالے رکھتے ہیں اور بکھرنے سے بچا لیتے ہیں۔ ایوب خاور بہت ذہانت اور سلیقے سے اپنے افکار و خیالات اور احساسات و جذبات کو شعر میں ڈھالتے ہیں۔ ان کی نظموں کے عنوانات میں اکثر لفظ "نظم" تواتر سے آتا ہے۔ نظم تو گویا ایوب خاور کی جان و دل ہے۔ ان کی محبوبہ ہے۔ اپنی محبت کی تکمیل کی جستجو، اس کے لیے خاص احترام، پھر اپنی محبت کے دیئے سکھوں اور دکھوں کو وہ اپنے منفرد شہر نظم میں خوش دلی اور خوش ذوقی سے بساتے رہتے ہیں آباد رکھتے ہیں اور اُن سے ایک انوکھا لحاظ اور نرالی پاس داری برتتے ہیں۔

اک بگولے کی طرح ڈھونڈتے پھرنا تجھ کو
روبرو ہو، تو نہ شکوہ نہ شکایت کرنا

ایوب خاور نے اُردو شاعری کے اساتذہ کا احترام بھی ملحوظ رکھا ہے اور اپنے ہم عصروں سے بھی پہلو تہی نہیں کی ہے۔ دوسروں کی خوبیوں کا کھلے دل سے اعتراف کیا ہے لیکن اپنی انفرادیت کو کسی بھی صورت ترک نہیں کیا۔ ان کی منفرد پر تاثیر تمثال کاری اور ان کی نئی نئی سی بصری ایمجری کے سحر کی جھلک سے ذرا لطف لیجیے وہ کہتے ہیں۔

خواب کٹورے، سورج کی دہلیز پہ رکھ کر لوٹ آنے کی سوچ میں دن چڑھ جاتا ہے
پھر دن کا پتھر
شام کی چوٹی تک لانے کی ہمت باندھ کے
بستر سے اُٹھ جاتا ہوں اور دفتر جانے
سارے ضروری اور ادھورے کام مکمل کرنے کی خواہش کو ناشتہ دان میں بھر کے
گھر سے قدم باہر رکھتے ہی

میں کہیں اور نکل جاتا ہوں
راہ کہیں رہ جاتی ہے

علامت و استعارہ و تشبیہ جو کہ شاعری کا جمال ہیں۔ اس کی منفرد جلوہ گری ایوب خاور کے ہاں نئے انداز سے موجود ہے۔

مثلاً وہ کہتے ہیں۔

اُتر رہے ہیں سر چشم، قافلوں کی طرح
شکستہ خواب، تھکن، چاندنی کی لُو، تراغم

پھر "وہ درختوں سے الگ ہو جانے والی چھال جیسی آرزوؤں" اور "آنکھوں میں کاجل کی طرح سجنے کی خواہش" کا ذکر بھی خاص اپنے ہی انداز میں بیان کرتے ہیں۔

ایوب خاور کی تراکیب بھی ان کی اپنی تعمیر و تخلیق کردہ ہیں۔ جو بہت پر معنی اور پر کشش ہیں۔ مثلاً چند تراکیب اور مرکبات پیشِ خدمت ہیں۔ خطہ عمرِ معطل، عکسِ متروک، دیارِ رخ آئندہ، لوحِ مہتاب، صبحِ تحریر، دشتِ شبِرزم، حجرۂ جاں، چشم منحرف، تہہ خانۂ عمر گزشتہ۔ آنکھوں کے بھرے ساون پیالے، خنجر بہ کف خامشی، خوابِ مقفّل، سینۂ خواب، خس و خاشاکِ آرزو، نوزائیدہ خوابچے، کچے پکے خوابچوں کا ذائقہ، حسنِ منجمد، کتاب بدن، کم بخت محبت، صبحِ حرفِ خواب، بدنام تنہائی، ہَوا کا ایڑیوں کے بل پر گھوم جانا، بارش کی ممتا، آئینے کا بحال ہونا، کفن پوش زمانے، شام کی ملگجی، خواب شجر، جھوٹ کی کائی، رات کی گدڑی، نظر کشکول، سانس کی پھانس۔

ان کی شاعری میں سیکڑوں ایسی ترکیبیں اور مرکبات ہیں جو ان کے ہم عصروں میں نہیں پائی جاتیں۔

تفکر ایوب خاور کی شاعری کی شان ہے جو انھیں نئی نئی راہیں سمجھاتا ہے۔ وہ سوچ

کے گنجلک پن اور الجھاؤ کا شکار ہر گز نہیں ہیں بلکہ ان کا مثبت رویہ تو دھیرے دھیرے الجھنیں سلجھانے کے لیے سعئ مسلسل کا ہے۔

یہ کس نے مثل مہ و مہر، اپنی اپنی جگہ
وصالِ و ہجر کو ان کے مدار میں رکھا
دھاگوں کی طرح الجھ گیا ہے
اک شخص مری برائیوں میں

بلاشبہ ایوب خاور کی غزل کا مزاج رومانوی ہے لیکن وہ کسی دھندلے سے رنگین غبار میں گم سم نہیں ہو جاتے اور سدا اداسی کی دھند ہی میں لپٹے نہیں رہتے بلکہ حقائق کی آنکھوں میں آنکھیں ڈال کر مضبوط اور بلند لہجے میں بات کرنے کا حوصلہ بھی رکھتے ہیں۔

نہیں کہ صرف ہمیں راس آگئی دنیا
ہماری زد سے نکل کر سنبھل گیا وہ بھی

اور۔۔۔

جن کو حضور شاہ سے اذن سخن نہ مل سکا
ایسے بھی کچھ گواہ تھے جرم و سزا کے درمیاں

پاکستان بننے کے فوری بعد جنم لینے والی نسل کے شعرا کی اپنے وطن سے محبت اپنے پیش روؤں سے کسی طرح کم نہیں۔ اپنے عہد کی دانش اور حالات حاضرہ کے تقاضوں کا شعور ان کی شاعری کو حُبِ وطن کی مثالی گہرائی دیتے ہیں۔ جب وہ بزرگوں کے دیکھے خواب کی کوئی مکمل اور حسین تعبیر نہیں پاتے تو تڑپ تڑپ اٹھتے ہیں۔ ایسے ہی لمحے میں ایوب خاور علامہ اقبال کے سامنے اقرار اور فریاد کرتے ہیں کہ۔۔۔

"ترے دیکھے ہوئے اک خواب کی قو ہیں نہیں کھلتیں"

پھر ایک اور نظم میں خدا سے دعا کرتے ہیں۔

سبھی تو سانس روکے چپ کھڑے ہیں
اور کتاب ذات کی سچائیوں کی رونمائی اتنی آساں کب رہی ہے
۔رب کعبہ
ایک ایسا آئینہ دے دے
کہ جس کو سامنے رکھیں تو تیری کبریائی رنگ فرما ہو۔اندھیرے کے
پروں سے خوب چنتی ایک ایسی صبحِ فردا کو اشارہ ہو
جو اپنی پلکیں کھولے اور ہماری سرزمیں سورج مکھی کا کھیت ہو جائے

ایوب خاور کی ایسی ہی عام انداز سے ہٹ کر کہی باتیں، کرنیں بن کر آیندہ کے زمانوں کے پانیوں پر دور تک تیرتی جھلملاتی چلی جائیں گی۔۔۔ لیکن ابھی تو ایوب خاور کو بہت سے کام کرنا ہیں۔

اندھیرے میں سجھائی کچھ نہیں دیتا
بس اک لَو ہے لہو کی بوند کی مانند
جس کی ٹمٹماہٹ میں یہ سارے خواب سایوں کی طرح سینے کی محرابوں سے لپٹے منتظر ہیں
جیسے کوئی آ کے اُن کے ہاتھ پاؤں کھول کر آزاد کر دے گا
مگر مجھ کو بہت سے کام کرنا ہیں
کسی کے پاؤں کو مٹی کے جوتوں سے چھڑانا ہے
کسی کے حلق میں بوئی گئی پچھلی رتوں کی پیاس فصلیں کاٹنی ہیں
اور کسی خاکستری تن پر کوئی پیراہنِ گل کھینچنا ہے

اے اسیرانِ قفس

مجھ کو بہت سے کام کرنا ہیں

خاور بھائی آپ بہت اچھے شاعر ہیں۔ مختلف سوچتے ہیں۔ مختلف لکھتے ہیں۔ میں ہی نہیں بلکہ میرے جیسے بہت سے آپ کے پڑھنے والے آپ کی شخصیت اور آپ کی تخلیقی کاوشوں کو قدر کی نگاہ سے دیکھتے ہیں۔

اللہ تعالیٰ آپ کا حامی و ناصر ہو۔ آمین۔

***

چکوال کی ریوڑی

نعمان منظور

سعودی عرب میں قیام کے دوران صرف ایک تلخ تجربہ ہوا، وہ یوں کہ بھارت سے تعلق رکھنے والے ایک بہت اچھے شاعر نے ایک عجیب و غریب روایت ڈال رکھی تھی۔ وہ کسی پاکستانی مشاعرے میں شرکت نہیں کرتے تھے، ہاں اگر کوئی انڈین مشاعرہ ہوتا تو اس کی صدارت وہی فرماتے۔ ہر ماہ اپنے گھر پر ایک شعری نشست کا اہتمام کرتے، جس میں شرکت کے لیے شاعر کا 'اہل زبان' ہونا لازم تھا۔

ایک دن برادرِ بزرگ واصل عثمانی نے فون کیا اور فرمانے لگے 'نعمان میاں! کل اہل زبان کا مشاعرہ ہے ہماری صدارت میں تمھیں بھی چلنا ہے، میں نے عرض کیا وہاں تو اہلِ زبان ہی پڑھیں گے میں کیا کروں گا؟

ضروری نہیں کہ آپ ہر مشاعرہ پڑھیں! یہ کہہ کر واصل عثمانی نے فون بند کر دیا۔ اگلے دن میں وقت مقررہ پر واصل عثمانی کے ہم راہ مشاعرہ گاہ پہنچ گیا۔ حاضرین کے لیے فرشی نشست کا اہتمام تھا۔ واصل عثمانی نے مشاعرہ کے اختتام پر صدارتی غزل پیش کی جس کا ایک شعر میرے حافظے میں محفوظ ہے۔

پنجابیوں نے بات حقیقت میں سچ کہی
قائم ہمارے دم ہی سے اردو زبان ہے

اس شعر پر ہال میں سوائے میرے سبھی خاموش تھے، میں نے تین چار مرتبہ مکرر، مکرر کہا اور یہ شعر سنا، پورے ہال میں سناٹا طاری تھا۔ اس شعر کے بعد واصل عثمانی نے خطبہ صدارت میں فرمایا کہ آج میں صرف اس لیے یہاں آیا ہوں کہ اہل زبان کو بتا سکوں کہ پاکستان میں جو شاعری پنجاب میں ہو رہی ہے اہل زبان اس کے جواب میں کیا فرماتے ہیں ؟

اس ساری تمہید باندھنے کا مقصد یہ تھا کہ میں بیس پچیس برس ایوب خاور کو اہل زبان ہی سمجھتا رہا۔ ان کے رنگ، روپ نے مجھے ہمیشہ مغالطے ہی میں رکھا، میں نے کبھی ان کے منہ سے پنجابی نہیں سنی، اگر حالتِ خواب میں پنجابی بولتے ہوں تو ابھی تک اس کی بھی رسید وصول نہیں ہو سکی۔

یہ تو تین برس پہلے ایوب خاور نے باتوں باتوں میں بتایا کہ ان کا تعلق چکوال سے ہے۔ میں حیران رہ گیا اور ابھی تک حیرانی میں ہوں، اب سمجھ آیا کہ ان کا قد واقعی پوٹھوہار کے اونچے اونچے پہاڑوں کی طرح اور گفتگو میں مٹھاس چکوال کی ریوڑی کی طرح ہے۔

چکوال گڑ کی ریوڑی کے لیے بہت مشہور ہے اس ریوڑی میں سفید تل گڑ اور عرقِ گلاب کا استعمال ہوتا ہے۔ منہ میں ڈالیں تو بولنے کو جی نہیں چاہتا، یہی حال ایوب خاور کا ہے، اوّل تو بولتے بہت کم ہیں اگر بولیں تو دل کرتا ہے یہ کہتے جائیں اور ہم سنتے جائیں۔ آنکھوں کے اوپر ماتھے پر عینک لگا کر اس طرح اگلے بندے کو غور سے دیکھتے ہیں کہ جی خواہ مخواہ ڈھانپ لینا چاہتا ہے۔

ایوب خاور کا تعلق چکوال کے مشہور فوجی خاندان سے ہے، ان کے پر دادا، دادا اور والد انگریز فوج میں رہے۔ ان کے والد صاحب نے انگریز فوج کی طرف سے دوسری

جنگِ عظیم میں بھی حصہ لیا تھا۔ فوجیوں کی خصوصی کوشش ہوتی ہے کہ ان کے گھر میں ڈسپلن کی پابندی کی جائے۔ لہٰذا ڈسپلن اور محنت ایوب خاور کے خون میں شامل ہے۔ اپنے نامساعد گھریلو حالات کی وجہ سے ایوب خاور پانچویں کلاس تک اسکول جانے کے علاوہ مزدوری بھی کرتے رہے تاکہ گھر کے اخراجات میں ہاتھ بٹایا جاسکے۔ پانچ جماعتیں پاس کرنے کے بعد ایوب خاور کراچی شفٹ ہوگئے اور ماسٹرز کی ڈگری کے ساتھ ساتھ نکاح نامہ بھی یہیں سے حاصل کیا۔

فرسٹ ایئر ہی سے انھیں ریڈیو پر کام کرنے کا شوق تھا ایک دن بندر روڈ پر ریڈیو پاکستان کراچی جا پہنچے اور وہاں آڈیشن دے ڈالا۔ سیکڑوں کی تعداد میں آئے ہوئے امیدواروں میں سے ایوب خاور کو Best Voice انعام ملا۔ اور اگلے سال پھر مل گیا۔ وہ تو ملکہ مادام نورجہاں کی خوش قسمتی تھی کہ ایوب خاور نے گانے نہیں گائے اگر انھیں گانے کا شوق ہوتا تو آج نورجہاں کی جگہ ان کے ریکارڈ بج رہے ہوتے۔

مجھے ایک واقعہ یاد ہے کہ قریباً پندرہ برس قبل ایوب خاور کی شاعری کا مجموعہ "گل موسم خزاں" چھپ کے آیا تو ان کے دوستوں نے تقریبِ پذیرائی سے پہلے ایک نجی نشست کا اہتمام کر ڈالا۔ ایوب خاور سے کہا کہ چند دوستوں کے ساتھ تمھاری شاعری پر بات کریں گے۔ دوست اکٹھے ہوئے تو گپ شپ شروع ہوگئی، اتنے میں کھانے کا بگل بج گیا، کھانے کے بعد ایوب خاور دل ہی دل میں اپنی شاعری پر ہونے والی تنقید اور تعریف کے جواب گھڑتے رہے۔ کھانا بھی ختم ہوگیا اور پھر چائے بھی لیکن دوستوں نے ایوب خاور کی شاعری پر بات نہیں کی، اس بات کا ایوب خاور کو بہت رنج ہے جس کا اظہار ویسے تو انھوں نے آج تک نہیں کیا لیکن میرے پرزور اصرار پر بتا ہی دیا کہ ان کی زندگی میں اس شام کا دُکھ زہر کی طرح شامل ہے۔ میرے بہت اصرار پر بھی انھوں نے مجھے ا

دوستوں کے نام نہیں بتائے۔

البتہ کہنے لگے نعمان! دوستوں کی محبتوں کے سامنے چھوٹی چھوٹی رنجشوں کو بھلا دینا چاہیے۔

پھر آپ نے یہ بات مجھے کیوں بتائی! تم نے پوچھا ہی ایسے گھما پھرا کے، میں نے ساری عمر دوستیاں نبھائی ہیں ان کے بدلے کبھی کسی سے شکایت نہیں کی، محبتوں میں شکایت نہیں کرتے۔

میں ایک دن فنون 1972ء کا شمارہ دیکھ رہا تھا اس شمارے میں سقوطِ ڈھاکہ پر ایوب خاور کی ایک بہت خوب صورت نظم شامل تھی! اس کا مطلب یہ ہے کہ ایوب خاور سینئر شعرا کی فہرست میں شمار ہوتے ہیں لیکن میں نے آج تک ایوب خاور کی شاعری کے بارے میں کبھی کسی کو گفتگو کرتے نہیں سنا، کتابوں پر تبصرے یا فلیپ لکھ دینا اور بات ہے اور شاعری کی محفل میں کسی شاعر کی اچھی اور خوب صورت شاعری پر بات کرنا بڑے دل گردے کا کام ہے۔ میرا خیال ہے کہ آج کل ہمارے دل گردے ہی خراب ہیں جو ہم کسی کی تعریف میں ہمیشہ ڈنڈی مار جاتے ہیں بحیثیت پروڈیوسر ایوب خاور نے بے شمار مشاعرے ریکارڈ کیے، اور اپنے تمام دوستوں کو پی ٹی وی کے مشاعروں میں شامل کیا۔ پی ٹی وی سے باہر منعقد ہونے والے ہزاروں مشاعروں میں ایوب خاور نے کبھی کسی سے یہ نہیں کہا کہ میں بھی شاعر ہوں۔ میرے نزدیک ایک بڑے آدمی کی یہی پہچان اور پرکھ ہوتی ہے اس پر ایوب خاور سو فیصد پورے اترتے ہیں۔

ایوب خاور دوستوں کے معاملے میں بڑے حساس ہیں، کسی کی برائی نہیں کرتے۔ ان کا دوست اگر ڈراما لکھ لے تو اسے پروڈیوس نہیں کرتے کہ اگر ڈراما فلاپ ہو گیا تو دوست ناراض نہ ہو جائے۔ اس پر بھی ان کے کچھ قریبی دوست ان سے اکثر ناراض

رہتے ہیں۔

میرے ساتھ آج تک تو ان کا رویہ بڑا ہی دوستانہ اور بزرگانہ رہا ہے لیکن مستقبل میں اندیشہ ہائے دور دراز مجھے دہلائے رکھتا ہے کیوں کہ میں بھی ایک بڑا دھانسو سا ڈراما لکھ رہا ہوں۔

***

ایوب خاور

عطاالحق قاسمی

ایوب خاور کو میں اس وقت سے جانتا ہوں جب وہ کراچی میں اور میں لاہور میں ہوتا تھا اور ہم دونوں نے ایک دوسرے کی شکل نہیں دیکھی تھی یعنی وہ کیسے اچھے دن تھے !اب گزشتہ چند برسوں سے ہم دونوں ایک دوسرے کو ایک دوسرے کی نظم ونثر سمیت برداشت کررہے ہیں۔جب وہ کراچی میں تھاتو میں اس کی غزلیں "فنون" میں پڑھا کرتا تھا اور ان سے لطف اندوز ہوتا تھا لیکن جب سے اس کے ساتھ "دوبدو" دوستی ہوئی ہے۔اس کی غزلیں کہیں چھپی دیکھتاہوں تو پڑھنے کی کوئی اتنی جلدی نہیں ہوتی کہ اپنا "خوشیا" ہی تو ہے۔ دراصل مداح اور ممدوح کی جب بھی دوستی ہوتی ہے، بیچارے ممدوح کا انجام یہی ہوتا ہے !

آگے چلنے سے پہلے ایک اعلان ابھی سے کرتا چلوں اور وہ یہ کہ میں دوستوں کے خاکے خاصے مختصر لکھتاہوں کیوں کہ تفصیلی لکھنے سے وہ ناراض ہو جاتے ہیں، ایوب خاور کے بارے میں اظہار خیال تو مزید مختصر کروں گا کیوں کہ یہ انتہا سے زیادہ شریف آدمی ہے۔ چناں چہ اگر میں نے اس کی شرافت کی تفصیلات بیان کیں تو یہ بھی ناراض ہو جائے گا۔ کون شریف آدمی چاہتا ہے کہ اس کی ریپوٹیشن ایک شریف آدمی کی ہو۔ خاور کو زیادہ قریب سے دیکھنے کا موقع مجھے "اپنے پرائے" کی ریکارڈنگ کے دوران ہوا کہ لاہور ٹیلی وژن کے لیے یہ سیریل لکھنے پر مجھے اس نے زبردستی آمادہ کیا۔ یہ ایک علیحدہ کہانی ہے

تاہم اس کا ایک فائدہ یہ ہوا کہ سیریل کے دوران خاور سے میری لڑائیاں شروع ہو گئیں۔ جس سے محبت پختہ ہو گئی۔ بہر حال اس عرصے میں اور ظاہر ہے اس سے پہلے بھی جو خاور میرے سامنے آیا، وہ ٹیلی وژن میں رہتے ہوئے بھی خواتین سے دور دور رہنے والا خاور ہے۔ یعنی

بازار سے گزرا ہوں
خریدار نہیں ہوں!

چناں چہ کام کی طلب گار خوش نما بیبیاں اس کے دفتر کے چکر لگاتی تھیں اور یہ انھیں آنکھ اُٹھا کر بھی نہیں دیکھتا تھا۔ اورینٹل کالج میں میرا ایک دوست عبد الغنی فاروق بھی انتہائی شریف آدمی تھا۔ اُسے لڑکیوں کے جھرمٹ میں جس سے ٹکرانا ہوتا، اُس سے جا ٹکراتا اور یوں اُس کی دیکھا دیکھی ہم لوگوں نے بھی نظریں جھکا کر چلنا شروع کر دیا تھا۔ تاہم اپنا ایوب خاور تو آنکھوں میں آنکھیں ڈال کر بات کرتا ہے مگر اس دوران اس کی آنکھوں میں ایک بال سا ہمیشہ موجود رہتا ہے۔ جس کی وجہ سے خوب صورت غزلیں کہنے والے اس شاعر نے کتنی ہی غزلیں اپنے دیوان میں شامل ہی نہیں ہونے دیں، حالاں کہ ایک ٹیلی وژن پروڈیوسر کے بارے میں شبہ ہے کہ جب بطور پروڈیوسر اپائنٹمنٹ کے بعد اس نے اپنی پہلی تنخواہ وصول کی تو اس نے حیران ہو کر کہا "ہیں!" اس کام کی بھی تنخواہ ملتی ہے!

ایوب خاور کی شخصیت کا دوسرا پہلو اس کا ایمان دار ہونا ہے، کام کے اوقات کے دوران اگر شعر بھی سوجھ رہا ہو تو اسے بھی کان سے پکڑ کر دفتر سے باہر نکال دیتا ہے۔ اسی طرح یہ شخص پاگل پن کی حد تک محنتی پہلو اس کا انتہائی تخلیقی ہونا ہے۔ یہ شخص جب کوئی پروگرام کر رہا ہو اس میں مکمل طور پر ڈوب جاتا ہے اور اس کی کتنی ہی خوب صورت جہتیں سامنے لاتا ہے حتیٰ کہ اگر اسے "اللسان العربی" والا پروگرام بھی سونپ دیا جائے

تو مجھے یقین ہے یہ پروگرام دیکھنے والے "حبیب بینک لمیٹڈ" کو بھی حبیب بینک اَن لمیٹڈ کہنے لگیں گے!

ایوب خاور ہمارے ان شعرا میں سے ہے جن کی ڈکشن یکسر طور پر مختلف ہے اور میرے نزدیک بالکل اچھوتی ڈکشن والے شعرا میں منیر نیازی، اختر حسین جعفری، ثروت حسین، محمد اظہار الحق، اجمل نیازی، زاہد مسعود، علی اکبر عباس اور ایوب خاور شامل ہیں۔ اگر اچھوتی ڈکشن ہی سب کچھ ہوتی تو شاید ایوب خاور یا دوسرے شعرا میرے نزدیک اتنے اہم نہ ہوتے، کیوں کہ ڈکشن تو شاعری کا لبادہ ہے اس کا لباس ہے جس طرح کچھ شاعر پھندنے والی ٹوپی پر مالٹا باندھ کر مشاعروں میں کلام سناتے ہیں اور یوں بھرے مجمع میں بھی پہچانے جاتے ہیں، اسی طرح اگر یہ شعرا خالی خولی ڈکشن اپنے سروں پر سجائے پھرتے تو ان میں اور پھندنے والی ٹوپی سر پر سجانے والوں میں کوئی فرق نہ ہوتا مگر جس طرح لباس کے اندر کوئی انسان بھی چھپا ہو، تو اس انسان کی عزت ہوتی ہے، اس طرح ڈکشن کے لبادے میں شاعری موجود ہو تو شاعر صاحبِ عزت کہلاتا ہے۔ ایوب خاور میرے نزدیک صاحبِ عزت شاعر ہے کہ اس کے پاس ڈکشن بھی ہے اور خوب صورت خیال بھی ہے یعنی دستار بھی ہے اور دستار کے نیچے سر بھی ہے۔ چناں چہ میں اس وقت سے اس کا مداح ہوں جب وہ کراچی میں ہوتا تھا اور اس نے اس کی شکل تک نہ دیکھی تھی۔ میں اس زمانے میں ان کی غزلیں پڑھ کر بہت مرعوب ہوتا تھا مگر اب تو وہ میرا دوست ہے، بہت جی چاہتا ہے کہ اس کی بڑائی کا اعتراف کروں لیکن دوستوں کی بڑائی کا اعتراف بھلا کیسے کیا جا سکتا ہے؟

***

رومانیت کا شاعر

لبنیٰ صفدر

بعض لوگ شہرت کے محتاج نہیں ہوتے شہرت ان کی محتاج ہوتی ہے، وہ کام نہیں ڈھونڈتے، کام انھیں ڈھونڈ لیا کرتا ہے۔ یہ لوگ اپنے کام سے عشق کرتے ہیں اور شہرت کے پر پیچ راستوں سے بے نیاز اپنی ڈگر پر چلتے رہتے ہیں۔

اسکول کا زمانہ تھا جب گھروں میں صرف پی ٹی وی کا راج تھا، ہمیشہ بہترین ناموں میں ایوب خاور صاحب کا نام سر فہرست ہوتا۔ کوئی بھی کامیاب پلے چل رہا ہوتا تو پورا یقین ہوتا کہ پلے ختم ہونے کے بعد اسکرین پر ایوب خاور کا نام جگ مگائے گا۔ اسکول لائف ٹین ایج کا دور ہوتا ہے جب عمدہ کام اور شہرت یافتہ ناموں کا زیادہ ادراک نہیں ہوتا لیکن نہ جانے اس میں کیا جادو تھا جس نے اس عمر میں بھی عمدہ کام کی پہچان کو آسان تر بنا دیا تھا۔ شعور کی پختگی عطا کی تھی۔

وقت تھوڑا سا آگے کو سرکا تو دھیان شاعری پڑھنے کی طرف ہوا تو کچھ اچھے اشعار ذہن پہ ثبت ہو کر رہ گئے جو آج تک اتنے ہی تر و تازہ اور خوب صورت لگتے ہیں جتنے اس دور میں لگے تھے مثلاً۔۔۔

ترے بنا جو عمر بتائی بیت گئی
اب اس عمر کا باقی حصہ تیرے نام

ہاتھ الجھے ہوئے ریشم میں پھنسا بیٹھے ہیں
اب بتا کون سے دھاگے کو جدا کس سے کریں

متاعِ جاں بس اک خوشبو ہے اس کے نام کی خاور
اب اس خوشبو کے پیچھے زندگی بھر بھاگتے رہنا

اسی طرح ایک نہایت شان دار نظم تھی "محبت تم نے کب کی ہے" جو آج بھی میری پسندیدہ ترین نظموں میں سے ایک ہے۔

شروع میں یہ اشعار کسی میگزین میں دیکھے اور اپنی ڈائری میں نوٹ کر لیے۔ بعد میں پتا چلا کہ یہ سب اشعار ایوب خاور کے ہیں تو خوشی کے ساتھ حیرت بھی ہوئی کہ آخر یہ شخص اچھا پروڈیوسر ہے یا بہت اچھا شاعر۔

سچ پوچھیں تو اس کا فیصلہ کرنا نہایت کٹھن ہے۔

ایوب خاور کی شاعری میں رومانیت بھی ہے اور فن کاری بھی، شعور اور لاشعور کی معجزہ نمائی بھی اور اپنی ذات کے تمام راز جو انھوں نے پوشیدہ رکھنے کی کوشش نہیں کی۔ پوری دیانت داری سے لوگوں کے سامنے رکھ دیئے، جتنا سچ اپنی شاعری میں ایوب خاور نے بولا ہے، اس کا حوصلہ ہر ایک کر بھی نہیں سکتا۔

"اُترن پہنوگے" جیسی نظم لکھنے کا حوصلہ ہر ایک میں کہاں ہوتا ہے۔

ایوب خاور اپنے اندر کے ہجر سے مسلسل نبرد آزما نظر آتا ہے۔ اُن کے شعری مجموعے، تمھیں جانے کی جلدی تھی، گل موسم خزاں اور بہت کچھ کھو گیا ہے، ہجر کی اذیت کی بھرپور عکاسی کرتے ہیں۔

ساری شاعری میں سلسلہ نارسائی کا نہ ختم ہونے والا کب واضح ہے۔

زوالِ شب ہے ستاروں کو گرد ہونا ہے

پسِ نگاہ ابھی ایک غم کو رونا ہے
اب اس کے بعد یہی کارِ عمر ہے کہ ہمیں
پلک پلک میں تیری یاد کو پرونا ہے
یہی کہ سلسلہ نارسائی ختم نہ ہو
سو جس کو پا نہ سکے ہم، اسی کو کھونا ہے
جو لفظ کھل نہ سکیں آئینے پہ، مٹی ہیں
جو بات دل پہ اثر کر سکے، وہ سونا ہے
تو اس کو توڑنا چاہے تو توڑ سکتا ہے
کہ زندگی ترے ہاتھوں میں اک کھلونا ہے
بس ایک چشم سیہ بخت ہے اور اک تیرا خواب
یہ خواب، خواب نہیں اوڑھنا بچھونا ہے
سفر ہے دشت کا اور سر پہ رختِ تنہائی
یہ بار بھی اسی عمر رواں کو ڈھونا ہے

اس رومانیت اس ہجر کی کیفیت میں سطحیت نہیں، گہرائی ہے۔ سرمئی شام میں قطرہ قطرہ پگھلتی تنہائی کا احساس ہے، ایوب خاور کی شاعری میں ردھم ہے۔ ترنم ہے، ہجر کی کیفیت پڑھنے والے کے اندر یک دَم، اداسی اور کڑواہٹ نہیں بھرتی بلکہ دھیمے دھیمے کرب کا میٹھا سا احساس اپنے اثر میں لے لیتا ہے۔

,مشہور انڈین شاعر، افسانہ نگار اور فلم ڈائریکٹر گل زار نے "تمھیں جانے کی جلدی تھی" میں بڑی خوب صورتی سے ایوب خاور کی اس کوالٹی کو تسلیم کیا ہے۔ کہتے ہیں:

'میں شاعری کچھ ایسے ہی سپ کرتا ہوں دھیرے دھیرے مہکتی ہوئی گرم چائے

کی طرح یا برف پر پگھلتی ہوئی وہسکی کی طرح، ہونٹوں کے اوپر سے سرکتی ہوئی، زبان کو چھوتی ہوئی، حلق سے نیچے اُترتی ہے اور پورے سسٹم میں گھلتی چلی جاتی ہے جسم کا درجہ حرارت مدھم مدھم بڑھنے لگتا ہے، میں ایوب خاور کے شعر بھی اسی طرح SIP کرتا ہوں، پھونک پھونک کر، چسکیاں لے کر حلق سے نیچے اُتارتا ہوں۔"

دل کی چوکھٹ سے لگا بیٹھ ہے تنہائی کا چاند
اور اچانک کسی جانب سے اگر تُو نکل آئے

دل کی رگ رگ نچوڑ لیتا ہے
عشق میں یہ بڑی مصیبت ہے

شکستہ دل نہ ہوئے ضبط آشنا ترے لوگ
مگر وہ غم جو ہمیں عمر رائیگاں نے دیے

ایوب خاور نے سب سے ہٹ کر اپنی الگ راہ متعین کی ہے اپنا انداز سب سے جدا رکھا ہے۔ جس خوب صورتی سے انھوں نے غزلیں کہیں اتنی ہی خوب صورتی سے نظم میں اپنا آپ منوایا، مجید امجد، ن۔ م راشد اور اختر حسین جعفری کے ساتھ ایوب خاور نے نظم میں ایک الگ معیار قائم کیا، ایوب نظم میں بھی تسلسل توڑے بغیر پوری بات کو بیان کرنے کا فن جانتا ہے کبھی کبھی اچانک وہ قاری کو حیران کر دینے کے ہنر سے بھی واقف ہے جسے ایک نظم "تمھیں جانے کی جلدی تھی" کے آخری چند مصرعے ملاحظہ فرمائیں۔

اور تمھیں معلوم ہے
کپڑوں کی الماری ہمیشہ سے کھلی ہے
سیف کی چابی تو تم نے خود ہی گم کی تھی
سو وہ تب سے کھلا ہے اور اس میں کچھ

تمھاری چوڑیاں، اک آدھ انگوٹھی اور ان
کے بیچ میں کچھ زرد لمحے اور ان لمحوں کی گرہوں
میں بندھی کچھ لمس کی کرنیں، نظر کے زاویے
پوروں کی شمعیں اور سنہرے رنگ کی ٹوٹی ہوئی
سانسیں ملیں گی اور وہ سب کچھ جو میرا اور
تمھارا مشترک سا اک اثاثہ ہے
سمٹ پائے تو لے جانا
مجھے جانے کی جلدی ہے

دعا ہے کہ اس مخلص اور خوب صورت انسان کے فن کی قامت کو اللہ تعالیٰ یونہی قائم رکھے۔ آمین۔

***

باقی سب ہوس

شکیل عادل زادہ

ایوب خاور شاعر نہ ہوتے تو مصور ہوتے۔ یوں کہیے کہ ان کا یہ مجموعہ مصورانہ شاعری کا کمال ہے۔ کیسے کیسے مناظر، کس کس زاویے سے انہوں نے مصور کیے ہیں۔ سارے کلام، سارے مجموعے میں رنگ بکھرے ہوئے ہیں۔ پہلی شرط تو خیال ہے، مصور ہو، شاعر یا موسیقی کار، پہلی شرط تو خیال کاری وخیال آفرینی ہے۔ اس کے بعد آواز کی، اطوار کی، رنگ کی اور پیراہن کی منزل آتی ہے، گویا صناعی و فن کاری کے مرحلے کی۔ دونوں منزلوں اور مرحلوں میں ایوب خاور نے بڑی توانائی اور تمکنت سے اپنا وجود باور کرایا ہے۔

میں اپنی بات کروں، آزاد قسم کی اس شاعری سے مجھ بے اماں، بے مایہ کو ایسی کوئی رغبت نہیں ہے لیکن اِدھر کچھ عرصے سے اس نوع کی شاعری متواتر اپنا اثر و ہنر اور فکر و سحر منکشف کرنے کے درپے رہی ہے اور بے شک اس شاعری کے تخلیق کاروں میں ایک نمایاں شاعر ایوب خاور ہیں۔ وہ میرے ہم جولی بھی ہیں، دوست بھی اور میرے محترم ومکرم بھی۔ تعلقِ خاطر اُن سے بہت پہلے کا ہے۔ یہ محترم ومکرم کا منصب انہوں نے اپنی شاعری کے طلسم سے جسم وجاں میں قائم کیا ہے۔

ان کی جامع الصفاتی کا کیا احوال، ادیب، کہانی کار، ڈراما نگار، ہدایت کار اور شاعر۔

ڈراموں کی ہدایت میں انہوں نے ایک مرتبت حاصل کی ہے لیکن سب سے بڑا ہنر تو اُن کی شاعری ہے اور میں گواہ ہوں، شاعری اُن کے لیے پہلا مسئلہ ہے، باقی تمام معاملات و مشاغل ثانوی اور بہت بعد کے ہیں۔ اِن دنوں ان کی رفاقت کے مواقع افراط سے واقع ہوتے ہیں۔ وہ ایک مضطرب آدمی ہیں۔ ان کی شاعری سے ان کے ہیجان و اضطراب کا احساس کچھ سوا ہوتا ہے۔ لگتا ہے، کہیں کچھ رہ گیا اور کہیں کچھ کھو گیا ہے جس کی وہ تلاش میں ہیں۔ یوں ہر لحاظ سے وہ بڑے کام یاب ہیں مگر کام یابی سے مراد بامرادی نہیں ہے۔ جانے کیا خلش ان کے رگ وپے میں اٹک گئی ہے۔ کوئی حسرت جو پوری نہیں ہو پاتی۔ زندگی بہ ظاہر کتنی ہی مہربان ہو، لگتا ہے روٹھی ہوئی بھی کچھ کم نہیں۔ یہی کچھ تمام و ناتمام کی حالت، یہ ناگفتنی انہیں شاعری پر آمادہ کرتی ہے، یعنی شاعری اُن کے لیے ذریعۂ عزت اتنی نہیں جتنی گوشہ اماں کی حیثیت رکھتی ہے یا اس کی حیثیت کسی سپر کی بھی ہے۔ یہ پناہ گاہ اور سپر بھی یاں کسے نصیب ہوتی ہے۔ یہی سارا کچھ ماجرا دیکھ کے جی کرتا ہے کہ نہاں خانے کی کشاکش ایسی دردناک اور رحم طلب بھی نہیں۔ مآل یہ تخلیق کاری، یہ مثال آفریں سخن طرازی و سخن پردازی، یہ دل نشین، نشاط افزا، فکر نما، خیال پرداز شاعری تو۔ ۔۔ تو ٹھیک ہے، اس کے سوا کیا۔۔۔ باقی سب ہیچ، بے مقدار، ناپائدار۔۔۔ باقی سب ہوس!

وماعلینا الا البلاغ

شکیل عادل زادہ عفی عنہ

***